KURT KRETSCHMANN
GARTENPFLEGE & MONTAGEN
WOLLBACHERSTRASSE 7/1
79400 KANDERN

Heidi Howcroft

Richtig Pflastern

Ausführungsanleitungen
für die Verlegung
von Klinker-, Naturstein- und
Kieselsteinpflaster

Callwey

Inhalt

Titel:
Pflastern eines Klinkerweges,
siehe Seite 59

Rückseite:
Oben: Pflastern einer
Terrasse, siehe Seite 108
Unten: Pflastern eines
Kieselrundlings-Belags, siehe
Seite 134

1   Grundbestandteile
eines Kieselsteinpflasters,
Strandkiesel
Baie des Anges, Nizza

Impressum:
© 1997 Verlag Georg D. W. Callwey
GmbH & Co., Streitfeldstraße 35,
81673 München
Das Werk einschließlich aller seiner
Teile ist urheberrechtlich geschützt.
Jede Verwertung außerhalb der engen
Grenzen des Urheberrechtsgesetzes
ist ohne Zustimmung des Verlages
unzulässig und strafbar.
Das gilt insbesondere für Vervielfäl-
tigungen, Übersetzungen, Mikro-
verfilmungen und die Einspeicherung
und Verarbeitung in elektronischen
Systemen.

Schutzumschlaggestaltung:
HBC-Design, München
Gestaltung und Produktion:
Büro Helmut Gebhardt, München
Satz: Filmsatz Schröter, München
Lithos: eurochrom 4, Villorba/Italien
Druck und Bindung: Printer, Trento
ISBN 3-7667-1263-2
Printed in Italy 1997

Die Deutsche Bibliothek–
CIP-Einheitsaufnahme
Richtig Pflastern : Ausführungs-
anleitungen für die Verlegung von
Klinker-, Naturstein- und
Kieselsteinpflaster / Heidi Howcroft.–
München: Callwey, 1997
ISBN 3-7667-1263-2

Alle Anleitungen wurden sorgfältig
erprobt – eine Haftung kann dennoch
nicht übernommen werden.

Vorwort

Schöne Pflasterflächen werten das gesamte Umfeld auf, sind wichtiger Bestandteil unserer Städte und tragen zur Individualität einer Anlage bei: Einmal verlegt, liefert Pflaster jahrhundertelang seinen Beitrag. Daß sich das Pflastern von einer alteingesessenen Handwerkstradition ableitet, ist wenig bekannt. Gerade die scheinbare Einfachheit einer Natursteinpflasterung ist täuschend, sie stellt eine handwerkliche Hochleistung dar, die keinesfalls zu unterschätzen ist. Begeisterte Heim- und Handwerker können dennoch kaum widerstehen, selbst Hand anzulegen und das Pflastern auszuprobieren.

Pflaster ist ein umfassender Begriff, in weitestem Sinn kann jeder Bodenbelag gemeint sein. Je nach Belagsart ist dessen Verlegung nach Schwierigkeitsgraden einzustufen, angefangen mit Beton-, über Klinker- bis zum Natursteinpflaster. In »Richtig Pflastern« gehe ich davon aus, daß der Leser bereits mit dem Pflastervokabular vertraut ist, die verschiedenen Ver-legungsarten identifizieren kann und sich mit der Ausführung auseinandersetzen will: entweder mit der Absicht, im eigenen Garten tätig zu werden, um sich mit ausführenden Firmen besser und fachgerechter verständigen zu können oder einfach aus allgemeinem Interesse.

Im Buch werden Fragen zur Ausführung beantwortet und Schritt für Schritt die Geheimnisse des Pflasterns erläutert. Die Anleitungen und Beschreibungen sind sowohl für den Laien als auch für den Fachmann bestimmt. Zum einen bietet es einen Einblick in das Tätigkeitsfeld des Pflasterers, zum anderen finden Planer und Pflasterer detaillierte Angaben zu der Verlegung von Pflaster, die sowohl bei der Ausschreibung als auch bei der Ausführung von Nutzen sind.

Um Wiederholungen zu vermeiden, konzentrieren sich die Verlegeanleitungen auf die wesentlichen Merkmale des Pflasterns. Einige, wie das Pflastern eines Klinkerweges oder von Kiesel-Rundlings-Belag, sind für den begabten Heimwerker geeignet. Der Schwerpunkt liegt in allen Anleitungen auf der Ausführung der Decke, d.h. dem Belag samt Bettung. Nicht jeder Verbund ist erklärt, sondern nur eine persönliche Auswahl. Wer die Prinzipien des Aufbaus eines Verbundes versteht, kann die beschriebenen Anleitungen sinngemäß übertragen.

Pflaster ist ein Thema, das kaum auszuschöpfen ist. »Richtig Pflastern« ist der technische Begleiter zu »Das Pflaster im Garten« und »Pflaster für Garten, Hof und Plätze«. Während letzteres Buch einen Überblick über Naturstein- und Klinkerpflaster auch im öffentlichen Raum gibt, liegt der Schwerpunkt von »Das Pflaster im Garten« auf der Gestaltung von Wegen, Terrassen und Sitzplätzen im Garten. Alles in allem eine Reihe Pflasterbücher, die alle Fragen von der Planung, Ausführung bis hin zur Pflege beantworten.

Grundregeln
des Pflasterns

Ergänzend zu jedem Kapitel geben die nachfolgenden Regeln wichtige Hinweise und Informationen zum Thema. Sie können sehr viel dazu beitragen, daß die gepflasterte Fläche den Ansprüchen und Forderungen gerecht wird und dennoch fachgerecht und schön ist.

3

2, 3   Je nach Gesteinsart und Verband hat Natursteinpflaster eine andere Ausstrahlung. Hier zwei Beispiele: Links eine Melange von ausgesuchten Gesteinsarten und -größen in einer Fläche, geplant und ausgeführt von Thomas Zschau (Bild 2). Jeder Stein hat seinen Platz. Ersichtlich in diesem Ausschnitt:
■   graubeige Grauwacke (Bindersteine),
■   Basaltlava (Großsteinpflaster),
■   heller, fast weißer, gebrauchter Granit (Kleinsteinpflaster),
■   indisch-roter neuer Granit (Kleinsteinpflaster),
■   rötlicher neuer Wesersandstein (Kleinsteinpflaster).

Rechts geordnetes, klassisches Segmentbogenpflaster in Granit-Kleinsteinpflaster (Bild 3).

4   Durch die vorgeschrie-
bene Verwendung eines einheitlichen Baumaterials und
Verlegungssystems sticht der
Weg nicht hervor, sondern fügt
sich als Teil des Dorfbildes
ein.

5   Bei der Planung von
Stadträumen, vor allem Plätzen,
werden ein besonderer Ge-
staltungssinn und Feingefühl
gefordert, um allen Belangen
gerecht zu werden und dennoch eine ortsbezogene Lösung
zu finden. Pflaster ist besonders aussagekräftig, eine
Belagform mit vielseitigen
Möglichkeiten.

Der Königsplatz in München
vereint Platz, Durchfahrts-
straße und Grünfläche. Dem
Zweck entsprechend, entfaltet
sich ein Halbkreis-Ornament-
pflaster aus Schuppenbögen
vor den Propyläen. Das
schmückende Pflaster steht im
Kontrast zum schlichten Bauwerk. Die stark befahrene
Straße dagegen erhebt keinen
Gestaltungsanspruch und
ist funktionsgerecht mit Granit-
Großsteinpflaster verlegt.
Planung: Baureferat Hochbau 4,
Stadt München.
Ausführung: Max Fischer
GmbH., Straßen- und Pflasterbau, München

5

Zur Gestaltung der Pflasterfläche

Da die Grundregeln für alle Pflasterarten bewährte Prinzipien darstellen, die sich durch jahrelange Praxis ergeben haben, seien sie an dieser Stelle erneut aufgeführt:

■ Funktion, Lage und Belastungsgrad der zu pflasternden Fläche bestimmen die Pflasterarten, die zur Auswahl stehen. Hinzu kommt die unmittelbare Umgebung: der angrenzende Baukörper, die Einbindung von vorhandenem Straßen- oder Gartenmobiliar, wie auch Kunstwerke und Wasserflächen. Alles sind Kriterien mit einem maßgebenden Einfluß auf die Gestaltung.

■ Ortstypisches Material und Verlegungsarten sind zu berücksichtigen und insbesondere in denkmalgeschützten Bereichen in die Planung zu integrieren.

■ Ausmaß und Format der Fläche geben direkte Hinweise auf die Art der künftigen Pflasterung. Während der Fischgrätverband prädestiniert ist für lange, schmale Flächen mit starker Führungswirkung, sind andere Verbandsarten wie Mittelsteinverband oder Schuppenbogenpflaster ideal für rechtwinklige Terrassen und Plätze.

■ Jede Fläche soll eingerahmt und eingefaßt sein. Bei einer Platz- oder Terrassengestaltung sollte die Fläche wie ein Bild mit einem Rahmen und einer Füllung behandelt werden. Ein gleichtoniger Wand-zu-Wand-Teppich ist nicht gewünscht.

■ Bei der Verwendung von mehreren Verlegungsarten oder bei Materialwechsel sollte ein Minimum von einer Zeile Pflaster als neutrale Zone gepflastert werden.

■ Gullys, Hofsinkkästen und Schachtabdeckungen jeder Art sollten höhengleich in die Fläche aufgenommen werden. Das Prinzip des Rahmens mit einer Reihe um das Element bindet dasselbe in die Pflasterfläche ein.

■ Entwässerungsrinnen sollten als Gestaltungselemente in die Fläche integriert werden. Wenn Rinnen in einer Pflasterung vorgesehen sind, sollte beachtet werden, daß ungerade Zahlen von Pflasterreihen verwendet werden (3, 5, 7 usw.), die in einer konkaven Form verlegt werden.

■ Gefälle sind in den Flächen zu berücksichtigen und einzubinden, sie sollten jedoch nicht dominieren, denn eine wellige Oberfläche ist unruhig.

6

6   Passend zum Ziegelbau und zum ländlichen Ambiente wurde der Vorplatz mit quadratischem Klinkerpflaster ausgeführt.

Zum Material

Wer sein Pflastermaterial bei einem anerkannten Lieferanten bestellt, erhält auch wichtige Informationen über dessen Eigenschaften. Gelegentlich bekommt man auch Angaben über preisgünstige Alternativen, Material im Angebot oder Besonderheiten außerhalb des üblichen Sortiments.

▨ Stets ausreichend Material bestellen! Bei Natursteinpflaster muß außer der auszuführenden Verbandsart auch die Quadratmeterzahl der zu pflasternden Fläche angegeben werden, auch wenn Sie selber die Tonnen mühsam errechnet und entsprechend bestellt haben. Der Steinlieferant kann schnell überprüfen, ob Menge und Fläche übereinstimmen.

▨ Die DIN-Normen gelten ausschließlich für neues Material. Gebrauchtes Material unterliegt nicht den Bestimmungen, mit Variationen in Größe und manchmal auch Qualität innerhalb einer Lieferung ist zu rechnen. Gute Lieferanten machen den Kunden auf solche Tatsachen aufmerksam und bieten in der Regel Ware an, die keine allzu großen Unterschiede aufweist.

▨ Wer die Möglichkeit hat, Pflastersteine zu lagern, sollte immer ein paar Quadratmeter in Reserve halten, falls die Terrasse erweitert, der Weg verlängert oder die Einfassung fortgesetzt werden soll. Auch wenn ein anderes Material für spätere Arbeiten gewählt wird, sind Anschlüsse und Übergänge an vorhandene Flächen wesentlich schöner mit dem vorhandenen Pflaster zu gestalten.

▨ Immer aus mehreren Paletten arbeiten! Diese Regel trifft insbesondere bei plattenartigem Material, wie Klinker-, Ziegel- und Betonpflaster zu.

▨ Die Farbe des neuen Natursteinpflasters dunkelt nach. Dies sollte bei der Planung und Auswahl berücksichtigt werden. Was am Anfang grell und farbenfroh wirkt, bietet nach wenigen Monaten durch Witterung und Abnutzung einen angenehmen und beabsichtigten Kontrast an. Besonders für Muster sollten die Farbtöne nicht zu ähnlich sein.

7 Format und Farbe des Großsteinpflasters sind im Einklang mit dem angrenzenden Mauerwerk.

8 Eine funktionsgerechte Belagverteilung: Die Ziegelstreifen bilden eindeutig Fahrspuren. Parallel zum Passéepflaster-Mittelband liegt eine neutrale, schmale Pflasterzeile – zugleich Einfassung und Trennung.

9 Die Hierarchie eines Weges ist durch seine Breite und verwendete Belagart ersichtlich. Oben ein Hauptweg, aufwendig gepflastert, aber trotzdem funktionsgerecht, mit Gehspuren aus Ziegelpflaster in Reihenverbund und Zierstreifen aus Katzenkopfpflaster.

10 Im Kontrast dazu unten ein schmaler, bescheidener Nebenweg in Kreuzverband, nur drei Klinkersteine breit (ca. 60 cm), der fast in der Pflanzung verschwindet.

Zum Verband

◼ Mit Ausnahme von Wildpflaster sind alle Pflasterarten auf klaren geometrischen Prinzipien aufgebaut. Dies sollte ablesbar sein. Eigene Interpretationen von Geometrie, etwa zu flache Bögen, zu steile Bögen, aus der Fluchtlinie geratene Reihen, können nur zu schlechten Pflasterflächen führen. Abkürzungen bei den vorgeschriebenen Arbeitsschritten sind nicht ratsam.

◼ Das Verhältnis zwischen Fuge und Pflaster muß stimmen. Keinesfalls sollte das Fugenmaß dominieren, es sollte allenfalls ein feines Raster über die Fläche ziehen. Eine Ausnahme ist das Rasenpflaster.

◼ Bei der Wahl der Verlegungsart sollte eine maßstabsgerechte Steingröße ausgesucht werden. Sowohl Segment- als auch Schuppenbogenpflaster werden unübersichtlich und verlieren ihren Reiz, wenn mit Großsteinpflaster verlegt. Die Fugenbreite hängt von der Steingröße und von der Beschaffenheit der Seitenflächen der Steine ab. Bei Klinkerpflaster gibt es den Vermerk »F« für Steine, die mit normaler Fugenbreite, und »E« für Steine, die mit engen Fugen verlegt werden (siehe Seite 52). Bei einem schlecht verlegten Verband hat das Pflaster nicht die erforderliche Festigkeit, die Steine lösen sich leicht und gefährden somit den gesamten Verband.

◼ Es dürfen weder Erhöhungen noch Vertiefungen gepflastert werden; die ganze gepflasterte Fläche muß eben und gleichmäßig sein. Unebenheiten können nicht durch Rammen ausgeglichen werden. Der weniger erfahrene Pflasterer betrachte seine Arbeit mit Abstand, um überprüfen zu können, ob er sie fachgerecht ausführt. Er schaut im Knien oder Sitzen schräg auf den Stein, seine Augenhöhe liegt wesentlich tiefer als im Normalfall und ergibt eine andere Perspektive. Manchmal sehen die Steine aus, als ob sie sich zum Pflasterer neigen. So kann es leicht passieren, daß die Steine nach der vorhergehenden Reihe überhängen, die Hinterkante des Steins also höher liegt als seine Vorderkante. Wenn in dieser Weise weitergepflastert wird, ist das Pflaster nicht eben, sondern geradezu treppenförmig. Ob die Steine richtig sitzen, ist mit einer Latte leicht überprüfbar.

Öfters kommt es auf kleine Details an, wie diese Schachtabdeckung mit Granit-Kleinsteinpflasterkranz mitten in einer Mosaikstein-Pflasterfläche.

12
Der Hofsinkkasten wird zum Drehpunkt des Ornaments, statt in der Pflasterung aufzugehen. Teil eines Eingangsplatzes, geplant von Thomas Zschau und ausgeführt von Heilmann und Zschau.

13
Mühsam gepflasterte Zwickel: Gebrauchter Ruhrsandstein (Großpflaster), in Reihen verlegt, geht an der Dreieckspitze in gebrauchten Blaubasalt (Kleinstein) über. Statt Dreiecksteine aus dem gleichen Material zu verwenden, wurden die Lücken dekorativ gefüllt. Wegen ihrer geringen Stabilität sollen keine besonders kleinen Steine verwendet werden, die Lücke ist mit einem oder mehreren größeren Steinen zu pflastern.
Planung und Ausführung: Heilmann und Zschau

▨ Zwickel und ungünstige Lücken sind nie mit kleinen, gebrochenen Steinen zu »stopfen«. Die Größe der Lücke sollte gemessen werden, die entsprechende Paßgröße auf einem Stein markiert, fachgerecht geschnitten oder geschlagen und eingesetzt werden. Kleine Stücke haben weder die richtige Satzhöhe, noch fügen sie sich fachgerecht in den Verband ein, sie lösen sich leicht und gefährden somit die Stabilität der Fläche.

▨ Besonders zutreffend ist der alte Pflastererspruch »An den Anschlüssen soll man ihn erkennen«. Ein guter Pflasterer kennt die Verlegeregeln jeder Verbandsart. Egal, wie groß oder klein die Fläche ist, er bleibt bei den lang bewährten und erprobten Prinzipien. Besonders wichtig sind die seitlichen Anschlüsse an Einfassungen, Rinnen oder an andere Pflasterflächen.

Zur Fuge

Erst wenn die Fugen fachgerecht verschlossen sind, wirkt der Verband. Die Verzahnung zwischen Steinen und Fugen verleiht der Fläche Stabilität und optischen Reiz.

Fugenbreite

Das Verhältnis zwischen Fuge und Pflaster muß stimmen. Ob aus gestalterischen oder Kostengründen wird leider vermehrt versucht, die nach DIN 18318 (Verkehrswegebauten – Pflasterdecken, Plattenbeläge, Einfassungen) genormten Fugenbreiten zu ändern, was nicht anzuraten ist.
Die Fugenbreite steht im Verhältnis zur Steingröße und Verlegungsart. Die Einhaltung der erforderlichen Breite ist notwendig für die Stabilität und den Halt der Fläche. Abweichungen von den Regeln sind nicht zulässig.

Material	Fugenbreite
Betonsteinpflaster	Je nach Rastermaß 3 – 5 mm; Wenn die Fugen gegossen werden, 8 mm
Klinkerpflaster	Mind. 3 mm; Wenn die Fugen gegossen werden, 8 mm
Natursteinpflaster:	Fugenbreite in Kopfhöhe
▨ Großstein	Max. 15 mm; Pressfugen nicht zulässig. Gegossene Fugen mind. 8 mm
▨ Kleinstein	Max. 10 mm Gegossene Fugen mind. 8 mm
▨ Mosaikstein	Max. 6 mm Gegossene Fugen mind. 8 mm

14

15

14   Fugenbild mit frisch aufgetragenem Splitt.

15   Alle mit ungebundenem Material verfugten Pflasterflächen werden, wenn selten oder wenig befahren, vom Grünzeug erobert. In diesem Fall ist es eine beabsichtigte Bereicherung der Fläche.

16   Mörtelfugen haben eine leblose und starre Wirkung.

17   Die Ausführung von Mörtelfugen muß sorgfältig erfolgen. Der Mörtel wird mit einer Kelle vorsichtig gefugt, so daß die angrenzenden Steine nicht verschmutzt werden.

Fugenmaterial

Neben dem klassischen Fugenmaterial Sand, Brechsand, Splitt oder Kies werden weitere Alternativen angeboten.

Das klassische Fugenmaterial besteht aus ungebundenem Material wie Sand, Splitt, Kiessand oder Brechsand in der Körnung 0–5 mm. Was verwendet wird, hängt vom örtlich vorkommenden Material wie auch vom verwendeten Bettungsmaterial ab. Durch mehrmaliges Einfegen und Einschlämmen werden die Fugen verfüllt, bis nichts mehr aufgenommen werden kann. Sie sind kompakt und dicht, jedoch wasser- und luftdurchlässig. Als Teil eines fachgerecht ausgeführten Verbands können die Steine nicht einzeln entfernt werden. Eine Nachsandung zur Wiederverfüllung der Fuge nach einigen Jahren kann bei stark beanspruchten Flächen notwendig sein.

Zementmörtel, entweder schlämmbar oder gießfähig, muß mindestens 600 kg/m³ Zement enthalten. Je nach Funktion und Lage der Fläche, wie auch Pflasterart und Steingröße können Traß- oder Portlandzement oder Romankalk und Sand verwendet werden, jeweils im richtigen Mischverhältnis. Bei Klinkerpflaster ist auf Material zu achten, das nicht ausblühen kann. Die Fugen sind vorsichtig zu füllen, überschüssiges Material ist sorgfältig zu entfernen. Beim Verguß sind die Pflasterflächen feucht zu halten. Die Fugen sind wasser- und luftdicht sowie unkrautresistent. Pflastersteine, auf Magerestrich mit Dünnbettmörtel verlegt, sind erst circa 8 Tage nach dem Verlegen zu verfugen. Diese Fugenart ist nur begrenzt zu empfehlen, geeignet vor allem in überdachten Bereichen.

Fugendichtung mit Pflasterkitt dient als letzte Schicht auf gut verdichtetem, ungebundenem Fugenmaterial, das mindestens 3 cm unter der Pflasteroberkante liegt. Das Vergießen mit Vergußmasse (Pflasterkitt) kann nur auf trockenen Pflastersteinen ausgeführt werden. Der Bedarf schwankt je nach Steingröße.

Fugenfüllung, mit Bitumenemulsion getränkt. Hier sind zwei Varianten möglich, je nach Belastungsgrad und Belastungsfrequenz der Fläche. Grundlage zur Weiterarbeit in beiden Fällen ist eine fachgerecht verfüllte und verdichtete Fuge.

▓ Mit Bitumenemulsion getränkt und mit Vergußmasse verfüllt: Auf die bis 3 cm unter der Pflasteroberkante mit ungebundenem Fugenmaterial verfüllte und verdichtete Fuge wird Bitumenemulsion U 60 eingegossen, bis das Material getränkt ist. Auf dieser Füllung wird anschließend Vergußmasse in 3 cm Tiefe vergossen, bis die Fuge geschlossen ist. Geeignet für stark beanspruchte Groß- und Kleinstein- und Klinkerpflaster.

▓ Mit Bitumenemulsion getränkt und mit Splitt eingekehrt: Nachdem die Bitumenemulsion auf die angefeuchtete Pflasterfläche vergossen ist, wird Splitt der Körnung 2 – 5 mm eingekehrt. Die Fläche ist sorgfältig mit einem Besen abzureiben, überschüssiges Fugenmaterial ist zu entfernen. Diese »Sandwich«-Verfugung ist für Kleinsteinpflaster und andere Pflasterarten mit Ausnahme von Mosaiksteinpflaster geeignet.

Zweikomponenten-Bindemittel (Fugenbinder) ist eine neue Entwicklung für die Verarbeitung von feuchtem, mehlkornfreiem Sand. Voraussetzungen für die Aufbringung sind:

▓ Fachgerecht verlegte Pflasterfläche auf einem standfesten Unterbau, mit 3 cm tief eingeschlämmten und sauberen Fugen.

▓ Mindestfugenbreite laut Herstellerempfehlung einhalten, z. B.:
5 mm für »vdw 845 Fugenfix Flüssig« und »vdw 840 Fugenfix Fertig«;
8 mm für »TW Fugenbinder«.
Die vorgeschriebenen Mischverhältnisse und Mischdauer (mindestens 5 Minuten) sind zu beachten. Die Mischung wird sofort gleichmäßig über die saubere und trockene Fläche verteilt, eingefegt und sofort mit einem feinen Besen abgekehrt. Fugenfix Flüssig und Fugenfix Fertig sind für die Belastung durch Fußgänger geeignet, TW Fugenbinder dagegen für leichtbefahrene Flächen. In diesem Fall ist die Fläche je nach Temperatur und Feuchtigkeit nach circa 12 Stunden begehbar und nach etwa 5 Tagen befahrbar. Dieser Fugenbinder ist für überdachte Bereiche geeignet. Er wird auch für erosionsgefährdete Bereiche empfohlen und ist ein ameisen- und unkrautfeindliches Material.

Pflasterfugenmörtel besteht aus zweikomponentigen, lösungsmittelfreien Epoxidharzen und wird auf die oberen 3 cm der Fuge aufgetragen. Das vdw-Pflasterfugensystem ist je nach Pflasterfugenmörteltyp und Bettungsmaterial für alle Verkehrsbelastungen geeignet. Vor Arbeitsbeginn sind die umfangreichen Produktinformationen und Sicherheitshinweise zu beachten.

Pflasterfugenmörtel wird verwendet in Zonen mit Mischverkehr (Fußgängerzonen, verkehrsberuhigten Straßen, Passagen, Plätze). Für Schwerverkehr muß das Pflaster im Beton- oder Mörtelbett verlegt sein. Die Vorteile des Materials sind dauerhafte, dichte Fugen, die bis zur Steinoberfläche verhüllt sind. Frost- und tausalzbeständig sowie kehrmaschinenfest. »vdw 800« ist wasserdurchlässig. Der Einsatz dieses Fugenmörtels empfiehlt sich bei Flächen mit leichter bis mittelschwerer Verkehrsbelastung. Einige Gesteinsarten reagieren auf das Bindemittel des vdw Pflasterfugensystems. Farbtonveränderung wurde vor allem bei hellem Granit festgestellt. Im Zweifelsfall sind Probeflächen anzulegen.

Bei der Auswahl des Fugenmaterials sind
■ die Beanspruchung der Fläche,
■ die örtlichen klimatischen Verhältnisse,
■ die örtlich oder regional vorkommenden Gesteinsarten,
■ die Größe des Pflastersteins,
■ eventuelle Empfehlungen der Hersteller oder Lieferanten zu berücksichtigen.

20

19

18 Frisch verfugte Großsteinfugen mit Pflasterfugenkitt (Bitumenemulsion). Wenn sie trocken ist, verliert die Masse ihren Glanz und wirkt mit der Zeit dunkelgrau.

19 Pflasterfugenmörtel, vdw 800, Farbe steingrau

20 Pflasterfugenmörtel, vdw 800, Farbe natur

Randbefestigung und Einfassungen

Ohne Einfassung ist die Belastung der Fläche erheblich beeinträchtigt, bemerkbar durch Abkippen von seitlichen Steinen und die Verzerrung des Musters. Neben den technischen Gründen, eine Pflasterfläche vor dem Verschieben, Abbrechen und Lockern der Randsteine zu schützen, sind Einfassungen auch bei der Ausführung der Fläche wichtig. Sie werden vor der Pflasterfläche gesetzt, wobei Endhöhen und Hauptgefälle bereits berücksichtigt werden, und bilden somit die seitliche Begrenzung und den Halt des Weges oder Platzes. Gerade für Klinkerpflaster bietet sich eine Vielzahl von zweckmäßigen und interessanten Einfassungen an: Von der gewöhnlich leicht erhöhten Einfassungszeile zu engen, aneinandergereihten, hochkant gesetzten Steinen, bis hin zur schrägen 45°-Einfassung. Einfassung und Belag müssen nicht aus dem gleichen Material sein. Sie können sich durch die Verwendung einer anderen Steinfarbe absetzen. Leider ist anzumerken, daß bei Wegen und Terrassen häufig auf eine seitliche Einfassung verzichtet wird – zugunsten eines Betonkeils entlang der letzten Steinreihe. Die angrenzenden Flächen schließen bündig an die Pflasterfläche an. Neben einem fließenden Übergang von einer Fläche zur anderen ist diese Lösung kostengünstig und arbeitssparend. Dennoch sind die Vorteile einer Einfassung nicht so leicht zu übergehen.

21

22

21   Klinker-Hochbordein-
fassung aus der Draufsicht

22   Klinkerweg mit bündiger Großsteinpflaster-Einfas-
sung, gleichzeitig Begrenzung
und Wegeerweiterung. Eine
funktionsgerechte und zweckmäßige Lösung für schmale
Gartenwege.

23   Die Einfassung
als Gestaltungselement, aber
trotzdem technisch korrekt;
hier eine bündige Marmorzeile, im Betonkeil verlegt

24   Klinker-Rollschicht-
Randausbildung, passend zu
einem Weg in Läuferverbund
verlegt.

24

Oberflächenentwässerung und Gefälle

Zu einer perfekten Pflasterfläche gehört eine ordentliche Oberflächenentwässerung. Viele Verlegungsarten berücksichtigen die Gefälleenwicklung, betonen sie sogar in Form von Zöpfen oder feinen, langgezogenen Linien. Niederschlagswasser und Schmelzwasser müssen rasch und gleichmäßig von der Oberfläche abgeleitet werden. Ein gewisser Anteil sickert über die Fugen ab, aber in der Regel sind Gullys oder Hofsinkkästen als Sammelpunkte notwendig. Von hier wird das Wasser über Sickerschächte oder -gruben in das Grundwasser zurückgeführt. Der Einbau von versickerungsfähigen Bodenbelägen wird bei neuen Bauvorhaben gefordert, lediglich verschmutztes und belastetes Wasser von Tankstellen, Werkstätten etc. sind getrennt zu entsorgen. In vielen Städten und Gemeinden ist es untersagt, Oberflächenwasser in die Kanalisation einzuleiten.

Eine Kombination von Quergefälle mit mindestens 2 % und Längsgefälle mit 1 % sorgt für ein rasches Ableiten von Oberflächenwasser. Die schräge Ebene eines Gefälles ist keinesfalls über lange Strecken fortzusetzen, da die Höhenunterschiede beträchtlich werden. Die Berechnung der Höhenabwicklungen ist eine Aufgabe, die nicht nur bei größeren Projekten ansteht, sondern auch im privaten Bereich, wo die Flächen klein und erfaßbar sind.

Große Terrassen, Garagenvorplätze und Hofsituationen sind die klassischen Fälle für den Einbau eines Entwässerungssystems.

Wege können mit seitlichem Gefälle angelegt sein und in die angrenzenden Pflanzflächen entwässert werden.

25

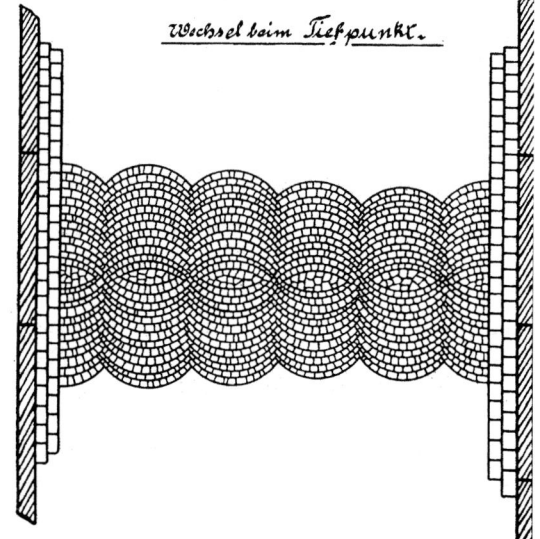

Wechsel beim Tiefpunkt.

25, 26
Segmentbögen zeigen immer aufwärts: Aus dieser einfachen Regel ergibt sich eine interessante Pflasterung am Tiefpunkt und Hochpunkt. Die beiden Zeichnungen aus Nolls »Zur Vervollkommnung des Kleinpflasters« verdeutlichen die schmückende Wirkung dieser praktischen Lösung.

Wer die Rechnerei scheut, kann sich mit einigen Grundregeln behelfen:

▨ Stets vom Gebäude weg entwässern. Wo es jedoch von der Höhenabwicklung unvermeidbar ist, sollte eine durchgehende Drain-Rinne verlegt werden, um Oberflächenwasser abzuführen und Staunässe vom Mauerwerk fern zu halten.

▨ Große befestigte Flächen in kleine »Entwässerungszonen« einteilen.

▨ Die Abwicklung der Gefälle soll nicht so ausgeprägt sein, daß sie die ganze Gestaltung dominiert.

▨ Die gewählte Gefälleform und Richtung am Weg durchgehend verwenden.

▨ Platzregen und Schmelzwasser bei der Planung der Entwässerung mit einbeziehen und berücksichtigen.

▨ Unter- und Oberbau fachgerecht ausführen.

▨ Die richtige Gefälleabwicklung für die Situation auswählen. Die Menge ergibt sich aus:

▨ Quadratmeterzahl befestigter Fläche

▨ Niederschlagsmengen (Jahresdurchschnitt)

▨ Beschaffenheit des natürlich anstehenden Bodens.

Größere Projekte und schwierige Situationen sind versierten Fachleuten zu überlassen.

Die Ausformung der Gefälle hängt von Form und Standort der Fläche ab:

Dachprofil: Beiderseits ansteigende Gefälle, die sich in der Wegemitte mit kurzer kreisförmiger Ausrundung treffen.
Alternativ kann der Höhepunkt mehr elliptisch mit sanfter Wölbung in der Mitte und mit stärkerem Seitengefälle ausgeführt sein. Geeignet für Wege und Straßen.

Einseitiges Gefälle: Nur in einer Richtung, immer vom Gebäude weg. Anzuwenden für Traufzonen und schmale Gartenwege.

Kreuzdamm: Der Mittelpunkt ist gleichzeitig Höhepunkt, von dem die Gefälle gleichmäßig fallen. Oft verwendet für Plätze und freistehende Terrassen.

Schale: Der Tiefpunkt ist in der Mitte, das Gefälle fällt vom Rand her zu dem in der Mitte liegenden Entwässerungspunkt.
Eine Kombination von Profilen ist bei größeren Flächen durchaus möglich, beispielsweise bei einer Platzgestaltung unter Verwendung eines einseitigen Gefälles vom Gebäude weg und eines Kreuzdammes für den Platz selber.
Eine umlaufende Entwässerungsrinne sammelt Oberflächenwasser und führt mit Längsgefälle auf die Gullys zu.

26

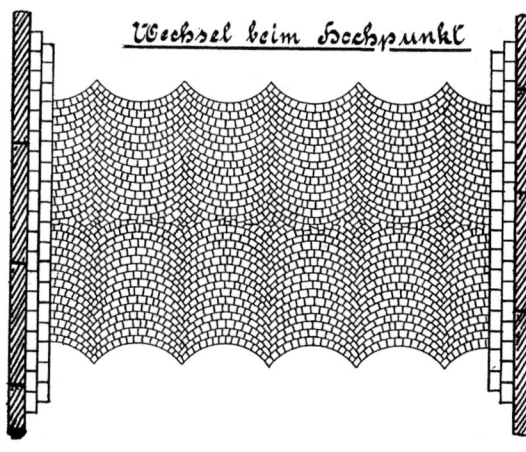

Wechsel beim Hochpunkt

Was kann der
Heimwerker selbst machen?

Spätestens nach der Lektüre dieses Buches
sind die Grenzen des Selbermachens eindeutig. Im Klartext bedeutet das, daß der Heimwerker von Bogenpflaster, insbesondere
Schuppenpflaster und Halbschuppenpflaster,
lieber Abstand hält. Kreisverlegung dagegen
wie auch Reihenpflaster – das letztere unter
der Voraussetzung, daß das passende Material
besorgt wird – liegen für den geschickten
Heimwerker im Rahmen des Möglichen. Auch
Klinkerpflaster ist im Bereich des Machbaren,
wenn man sich an die Raster hält. Kieselpflaster bietet sich geradezu für den Heimwerker an. Vom Auslesen, Sortieren, Entwerfen
und der Ausführung bis hin zur Größe der
Pflasterung sind alle Sorten prädestiniert für
die Eigenarbeit.

27

28   Im Kontrast zu Bild 27
ein einfacher Gartenweg, gepflastert in Granit, Kleinstein
in Reihen. Die Ausführung
liegt im Ermessen geübter
Praktiker.
Planung: Ortrun Wippermann,
Ausführung: Gaißmaier GmbH
& Co.

Natürlich spielt die Größe der Fläche eine
Rolle. Kleine, überschaubare Flächen sind leichter für den Heimwerker zu verlegen als aus-
gedehnte. Sie erfordern eine gewisse Aus-
dauer und Regelmäßigkeit, Eigenschaften, die
nur in jahrelanger Praxis erworben werden
können.

27   Eine differenziert
verlegte Naturstein-Pflaster-
fläche im Privatgarten, die
Leistung einer begeisterten
und begabten Heimwerkerin,
die inzwischen eine versierte
Kieselsteingestalterin geworden ist. Ula Siegers hat sich
die Kunst des Kieselpflasterns
selbst beigebracht, verwendet
ihren eigenen Garten als
Experimentierfeld. Hier eine
Detailaufnahme ihres Kön-
nens.

Fällt die Entscheidung, selbst zu pflastern, ist
es ratsam, sich in die Techniken zu vertiefen.
Bevor eine Fläche ausgeführt wird, ist es sinnvoll, Probe- und Musterflächen anzulegen.
Eine Art private Ein-Mann-Schule, in der man
ein Gefühl für das Material bekommen kann.
Dazu ist es nicht notwendig, den Unter- und
Oberbau vorzunehmen, das Ganze kann hinter
verschlossener Tür stattfinden, in einer Garage oder Werkstatt. Es genügt, einen etwa
2,50 x 2,50 m großen Holzrahmen zu bauen, tief
genug, um ein Sandbett aufzutragen und die
Steine zu verlegen. Für kleinformatiges Material würde eine Fläche von 1,50 x 1,50 m genü-
gen. Notwendige Feinheiten wie die Einarbei-
tung von Gefälle können hier ebenso erprobt
werden. Am fertigen Werk kann der kritische
Blick Verbesserungen in Verband und Verlegung feststellen.
Eine durchaus mögliche Lösung ist die, daß
die Vorbereitungsarbeit, das Herrichten und
der Unter- und Oberbau auf gutem Untergrund
nach den entsprechenden Höhen in eigener
Regie ausgeführt werden. Das Aufbringen von
Bettungssand, das Verlegen der Steine, Verfugen und Einschwemmen wie auch Verdichten
kann dann von Fachfirmen übernommen
werden.

Die Vorbereitung

Bis zur Verlegung der Pflastersteine ist es ein weiter Weg. Wer sofort beginnt, ohne die vorbereitenden Maßnahmen zu berücksichtigen und zu befolgen, wird es schnell bereuen und die Freude an der Arbeit verlieren.
Die Vorbereitungsarbeit teilt sich in zwei Phasen, die Grundüberlegungen und die Planung (die über Monate, manchmal Jahre andauern) und dann die tatkräftige Arbeit am Ausführungsort, die zügig erfolgt.

29

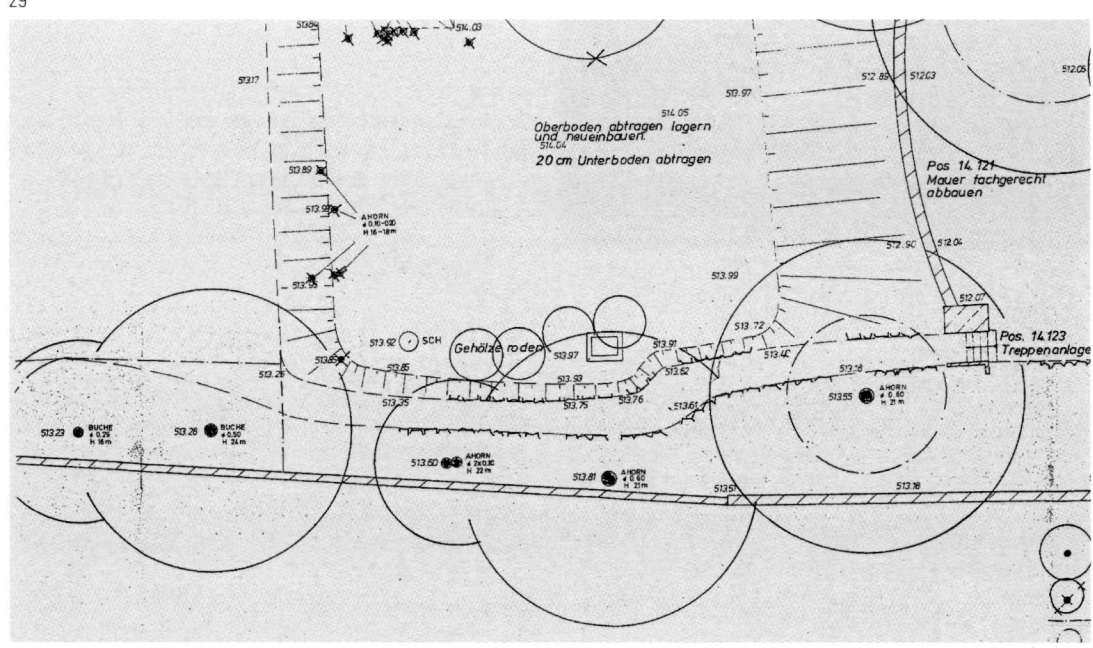

29   Ausschnitt eines Bestandplans mit Angaben über Standort der Baumstämme, Kronenumfang und Lage (nicht jeder Baum ist kreisrund), Baumart, Lage von Einrichtungen, Pflanz-, Rasen- und befestigten Flächen.

WEGESCHNITT A-A

30   Teilausschnitt des
Werkplans für das obenge-
nannte Bauvorhaben, geplant
von Heidi Howcroft für das
Büro Hansjakob. Ein gleich-
mäßiger Raster wurde in Abständen von 15 m über den
großen Garten gelegt, von
dem die Stichmaße gelesen
und abgesteckt werden. Bei
kleineren Bauvorhaben genü-
gen Achsen von festen
Punkten wie Hausecken.

Die Grundlagenermittlung

Grundlage einer gelungenen Planung und Ausführung ist eine maßstabsgerechte Bestands-
aufnahme. Bei größeren Arbeiten, die den ganzen Garten oder die Anlage mit einbeziehen,
ist diese unbedingt notwendig. Grenzverlauf,
Standort von Baukörpern, Bäumen und Sträuchern (wobei nicht nur der Mittelpunkt des
Stammes, sondern auch die Größe von Baum-
kronen gekennzeichnet sind), Verlauf von unter-
irdischen Leitungen, Ausmaße von vorhandenen Terrassen, Plätzen und Wegen müssen in
den Plan eingetragen werden. Dazu gehören
als weitere wichtige Information Höhenquoten
– unverzichtbar in Hanglagen. In einfachen Fällen können diese Fakten selbst erstellt werden,
anhand des Grundstücksplanes, der in der
Regel zu den Grundstücksunterlagen gehört.
Im Maßstab 1:500 oder 1:1000 muß dieser Plan
auf 1:200 oder 1:100 vergrößert werden, um
alle Informationen in leserlicher und brauchba-
rer Form unterzubringen. Die Höhenquoten
können nur mit einem Nivelliergerät errechnet
werden, eine Arbeit für den Fachmann.
Wenn keine Grundlageninformationen vorhanden sind, ist es zeitsparender und exakter,
ein Vermessungsbüro mit der Erstellung von
Unterlagen zu beauftragen.

31

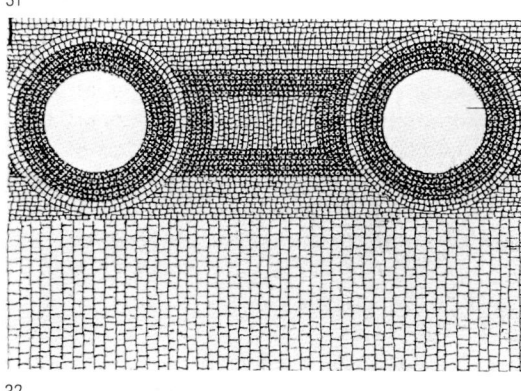

32

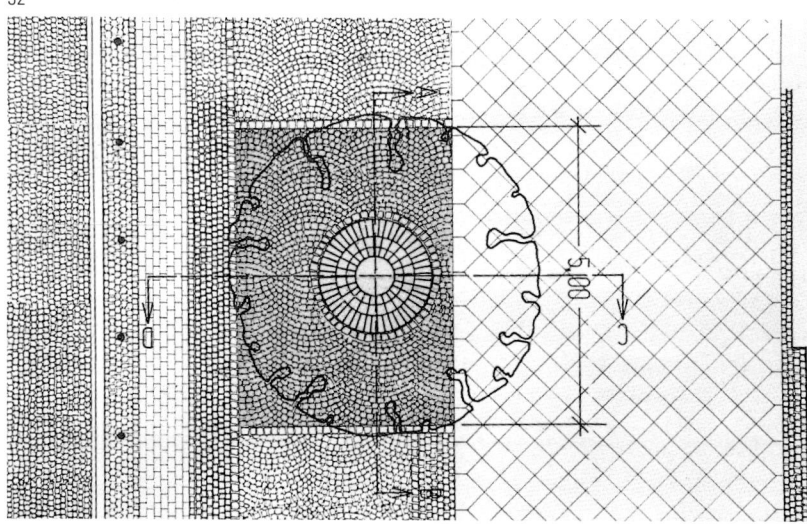

31   Zeichnungen können
auch Kunstwerke sein:
Hier Angaben zur Gehweg-
gestaltung, Königsplatz,
Augsburg. Entworfen von der
Planungsgemeinschaft
Engel, Pfister, Schiffler und
Hansjakob.

32   Pflasterplan im Detail
mit genauer Darstellung der
Pflasterarten, erstellt als Teil
der Werkpläne für den Kölner
Ring, geplant von der Planungsgemeinschaft Hansjakob
und van Dorp.

Am grünen Tisch

Die Planung

Die Wintermonate sind hierfür eine ideale Zeit, denn die Planung kann sehr viel Zeit in Anspruch nehmen: Die Entscheidung, was und wie gepflastert wird, ob ein Landschaftsarchitekt mit der Planung beauftragt wird, ob es zu wagen ist, die Flächen selbst zu verlegen, oder ob die Arbeit an eine Firma vergeben wird. Ein vermaßter Plan im Maßstab 1:200 bei größeren Flächen, sonst 1:10, wenn auch nur vorerst in Skizzenform, ist als Orientierungshilfe und Ausführungsunterlage sowie für die spätere Massenermittlung unbedingt notwendig.

Beispiele von Pflasterarten und ihrer flächigen Wirkung sind in meinen beiden ersten Büchern reichlich abgebildet. Zusätzlich dazu bieten 1:1-Beispiele bereits ausgeführter Flächen die besten Möglichkeiten, eine Pflasterart zu beurteilen. Die Flächen sollten nicht nur angeschaut, sondern auch begangen werden. Wenn möglich, empfehle ich, besonders für Terrassen und Sitzplätze auszuprobieren, wie Gartenmöbel darauf stehen. Was nützt eine mühevoll ausgeführte Pflasterfläche, wenn die gewählte Pflasterart ungeeignet für den Zweck ist? Dies trifft insbesondere bei Katzenkopfpflaster und breitfugig verlegtem Großsteinpflaster zu.

Die Kostenplanung

Zum Planungsvorgang gehört auch die Kostenplanung. Es ist ratsam, bereits in der Anfangsphase ungefähre Quadratmeterpreise für geliefertes, verlegtes und verfugtes Pflaster einzuholen. Vergessen Sie dabei nicht, die Verlegungsart und die Art der Einfassung anzugeben.

Bei der Kostenberechnung sind nicht nur die einmalig anfallenden Investitionskosten, sondern auch Pflegekosten und das Honorar des Landschaftsarchitekten einzuplanen. Eine Berücksichtigung der zu erwartenden Lebensdauer des Belages ist wichtig. Ein nach erster Berechnung scheinbar billiger Belag rutscht auf der Kostenskala weiter nach hinten, wenn ersichtlich wird, daß seine Lebensdauer begrenzt und der Belag keinesfalls wiederverwendbar ist. Klinker- und Natursteinpflaster halten, wenn fachgerecht verlegt, eine Ewigkeit. Das Material ist nie abgenutzt, bekommt mit dem Alter eine angenehme Patina, ist wiederverlegbar und kann sogar als Geldanlage betrachtet werden. Denn ein qualitätvoller Belag erhöht den Wert jedes Grundstücks. Auch wer selber ausführt, muß sich mit Kosten beschäftigen. Die Materialkosten, vom Unterbau- bis zum Pflastermaterial (mit oder ohne Lieferung), Fugen- und Bettungsmaterial können erheblich sein. Dazu kommen noch die Leihgebühren für Geräte und Maschinen und die Anschaffung von Werkzeug.

Kosten und Vergabe

Soll die Arbeit an Fachkräfte vergeben werden, können Sie, nachdem Sie sich über die Gestaltung, den Belag und die Verlegeart im klaren sind, Angebote einholen und so den Endpreis erfahren. Grundlage des Angebots sind das Leistungsverzeichnis und die Ausführungspläne. Diese Unterlagen werden vom Garten- und Landschaftsarchitekt erstellt. Vergessen Sie nicht, daß jede Änderung des ausführungsreifen und »zur Ausführung freigegebenen« Planes Kostenmehrung verursacht. Bei der Vergabe von Arbeit stehen zwei Abrechnungsmöglichkeiten zur Auswahl:

Abrechnung nach Leistungsumfang, das heißt bezogen auf die tatsächlich verlegten Flächen, wie auch auf andere erbrachte Leistungen.

Eine Pauschalvergabe bezieht sich lediglich auf einen Endbetrag, basierend auf der Gesamtnettosumme des Angebots, und umfaßt alle im Leistungsverzeichnis aufgeführten Leistungen. Zu den angebotenen Nettopreisen kommt noch die jeweils gültige Mehrwertsteuer. Sollte das zu verlegende Material bauseits (d.h. am Ausführungsort) vorhanden sein, ist dies unbedingt im Leistungsverzeichnis anzugeben. In der Regel reduziert sich der Einheitspreis, wenn das Material vom Bauherrn zur Verfügung gestellt wird. Dennoch wird jede zusätzliche Leistung wie Sortieren von ungleichmäßigen Steinen, Säubern, Schlagen und auch das Hochnehmen und Lagern von bereits verlegten Steinen getrennt berechnet. Am besten sollten Material und Ausführungsort von der anbietenden Firma begutachtet werden.

Materialauswahl

In der Vorauswahl spielen fünf Gesichtspunkte eine wesentliche Rolle:

■ Alle Materialien, verwendet im Außenraum, müssen erprobte und geprüfte physikalische Eigenschaften vorweisen, sie müssen frost- und tausalzbeständig, druckfest, biegefest sein.

■ Je nach Funktion der Fläche und des zu erwartenden Belastungsgrades scheiden manche Formate aus. Mosaiksteinpflaster ist ungeeignet für stark befahrene Flächen, wie auch Klinker- und Betonpflaster von geringerer Stärke.

33   Klinkerpflaster-Gehweg in einer Granit-Natursteinpflasterung. Eine Gliederung je nach Funktion und Zweck mit unterschiedlichen Materialien, die miteinander harmonieren, führt sogar in einer ebenen, durchgehenden Fläche zur klaren Gestaltungsaussage. Beide Flächen können befahren werden, der Fußgänger wird jedoch auf die Klinkerplatten gelenkt.

33

■ Die optische Ausstrahlung des Materials. Hierzu zählen die Farbe, die Oberflächengestaltung, das Format, die Flächenwirkung und das Aussehen bei Nässe.

■ Grundsätzlich ist es besser, örtlich vorkommendes Material zu verwenden. Was bereits seit Jahrzehnten, mancherorts seit Jahrhunderten Witterung und Benutzung standhält, ist die beste Empfehlung für das Material und die Verlegungsart. Die Faustregel einer Nord-Südverteilung von Klinker- und Natursteinpflaster kann durchaus angewendet werden, wobei, wie bei allen globalen Aussagen, die Ausnahmen die Regeln bestätigen. Beispielsweise die Klinkeroase um Landshut in Bayern, inmitten einer Natursteinhochburg.

■ Nicht zu leugnen ist der Unterschied im Anspruch zwischen Gehen und Fahren, wiederum zwischen Fahrrädern und Fahrzeugen. Alle fachgerecht verlegten Flächen sind eben, manche sind eindeutig fußfreundlicher als andere. Ohne Frage ist Klinker ideal für Gehwege, eine bereits um die Jahrhundertwende festgestellte Tatsache. Hier wurde Klinker oder plattenartiges Material als Gehstreifen verlegt, eingefaßt von breiten Natursteinbändern.

Naturstein- und Klinkerpflaster sind beide langlebig und können mehrfach verlegt werden. Das Material behält seinen Wert, manche Formate und Gesteinsarten erzielen hohe Preise auf dem Gebrauchtwarenmarkt. Das Recyclingprinzip war noch nie so bedeutsam wie heute, wo Rohmaterial geschätzt wird. Im Falle einer Erneuerung einer alten Pflasterung lohnt es sich, das vorhandene Material auf Wiederverwendbarkeit zu prüfen.

Es können mehrere Materialien verwendet werden, wobei es empfehlenswert ist, ein »Leitmaterial« zu verlegen. Zum einen als Verbindung und auch als neutralen Hintergrund zu den anderen Materialien. Eine Materialschau – mit Ausnahme einer Wildpflasterung, wo alle Materialien gleichwertig behandelt werden – ist zu vermeiden.

Gute Kombinationen sind:
■ Bänder von einem Material, gesäumt von einem in Farbe oder Format kontrastreichen Pflaster;
■ einzelne Zeilen in einer Fläche, die vielleicht auf einen Eingang zulaufen;
■ geometrische Formen, herausgearbeitet in einem anderen Material;
■ punktuelle Streuung eines Steins, wie Carrara-Marmor, Basalt oder quadratisches Klinkerpflaster als Auftakt für eine sonst einheitliche Fläche.

Der Gang zum Gartencenter oder Baumarkt kann für den Heimwerker, der ein besonderes Material sucht, sehr enttäuschend sein. Der direkte Zugang zu den Herstellern ist schwierig, zum einen mangels Adressen, zum anderen, weil kleine Mengen, die in der Regel benötigt werden, nicht lieferbar sind.

Eine sehr gute Quelle sind dagegen auf Gartenbaustoffe spezialisierte Firmen mit großen Lagern von Pflastermaterial. Viele haben Musterflächen, die zeigen, wie das Pflaster in verlegtem Zustand aussieht.

Ergänzend zu den einzelnen Kapiteln über das Pflastern von Naturstein- und Klinkerpflaster sind auf Seite 55 und 70 jeweils Materiallisten für Klinker- und Natursteinpflaster aufgeführt.

Die Ausführungszeit

Während der Wintermonate ist es nicht möglich, Pflasterarbeit auszuführen. Lang anhaltender Bodenfrost, niedrige Temperaturen unter 0 °C und Schnee machen das Arbeiten unmöglich. Wer spät im Herbst mit der Arbeit anfängt, läuft Gefahr, daß er sie wegen ungünstiger Witterung einstellen muß. Wie lange man für eine Pflasterung braucht, hängt vor allem von der Größe der Fläche und der Arbeitskapazität ab. Das Tagespensum, das ein Pflasterer schafft, ist kein Maßstab für den Heimwerker. So gesehen ist es wesentlich vernünftiger, mit der Arbeit im Spätfrühling zu beginnen, wenn der Boden aufgetaut ist. Die günstigen Sommermonate hat man dann vor sich.

Besonders bei Neubauten ist der Ausführungszeitraum der Bodenbeläge im Garten genau abzustimmen. Solange ein Gerüst am Haus steht, sollte man von solchen Arbeiten absehen. Erfahrungsgemäß ist ein sauberer ebener Unterbau zu dieser Zeit nur unter Schwierigkeiten auszuführen.

Während eine Firma aus wirtschaftlichen Gründen möglichst alle Arbeiten in einem Zug ausführen will, kann der Heimwerker eine schrittweise Verwirklichung vornehmen. Hier liegt der wahre Vorteil des Selbermachens. Wichtige Zonen, der Zugang zum Haus, der Garagenvorplatz, die Traufe sind zuerst zu verlegen, anschließend die Terrasse, später Gartenwege und Sitzplätze.

Auf der Baustelle

Als erstes muß man sich über das Grundstück selbst informieren, bei einem fremden Grundstück sogar über den örtlichen Verlauf der Grenze informiert sein. Wichtig sind Beschaffenheit des Bodens, Verlauf und Tiefe von Leitungen, Standort und Ausmaß des Wurzelbereichs von vorhandenen Sträuchern und Bäumen.

Dazu kommt die Festlegung eines günstigen Standortes für ein Materiallager und einer möglichen Zufahrt für Maschinen. Wenn eine Lkw-Ladung Material ankommt, sollte es im Idealfall sofort am richtigen Lagerplatz abgeladen werden können. Pflastermaterial wird oft in großen Säcken geliefert, Klinker- und Betonpflaster auf Paletten und in Folie eingeschweißt. Hierbei werden die Steine geschont und sind außerdem wesentlich leichter handzuhaben. Bettungsmaterial wie auch Frostschutzmaterial und größere Mengen Pflastersteine werden lose geliefert. Es ist besonders ärgerlich, wenn Steinmaterial mehrmals umgeschichtet werden muß. Wenn wenig Platz vorhanden ist, kann es sinnvoll sein, die Lieferung nach Bedarf zu staffeln. Dieser Punkt ist mit dem Steinlieferanten zu klären und kann sich auf den Kaufpreis auswirken.

34 Überblick über die Frosteinwirkungszonen gemäß »Merkblatt für die Verhütung von Frostschäden an Straßen«. Sie sind als Richtwert zu verwenden, denn lokale Klimaverhältnisse, wie zum Beispiel Frostlöcher, sind im Endeffekt maßgebend.

34

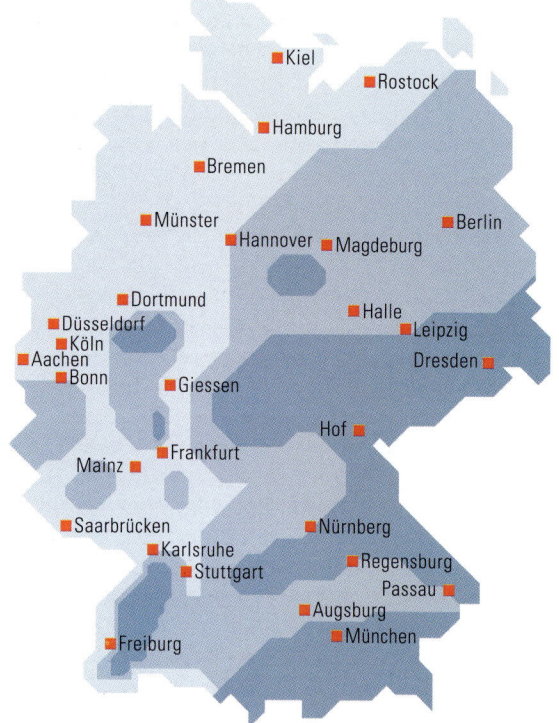

Kiel
Rostock
Hamburg
Bremen
Münster
Berlin
Hannover Magdeburg
Dortmund
Halle
Düsseldorf
Köln
Leipzig
Aachen
Dresden
Bonn
Giessen
Hof
Frankfurt
Mainz
Saarbrücken
Nürnberg
Karlsruhe
Regensburg
Stuttgart
Passau
Augsburg
Freiburg
München

Zone I
Zone II
Zone III (siehe Seite 39)

Beschaffenheit des Bodens und Bodenklassifikation

Für das Anlegen einer gepflasterten Fläche ist es wichtig, die Beschaffenheit des Untergrundes bzw. des eventuell bereits eingebauten Bodens zu beurteilen.

Je nach Korngröße – das ist die Größe der einzelnen Bodenbestandteile – haben Böden unterschiedliche physikalische Eigenschaften. Für das Pflastern ist es wichtig, daß der Untergrund stabil und nicht frostgefährdet ist. Bei wasserhaltigen und schlecht verdichteten Böden besteht zum einen die Gefahr, daß der Boden bei Belastung ausweicht, zum anderen bildet sich bei Frost Eis im Boden, das sich stärker ausdehnt als Wasser und so den Pflasterbelag aufwerfen oder sogar sprengen kann.

Wenn der natürlich anstehende Boden nicht wasserdurchlässig genug ist, muß bis in eine frostsichere Tiefe ausgehoben und ein Unterbau aus Frostschutz- und Tragschicht eingebaut werden. Übernimmt man einen bereits eingebauten Unterbau, sollte man auf alle Fälle aufgrund der Verformbarkeit prüfen, ob er ausreichend verdichtet ist und gegebenenfalls bei der Firma, die die Erdarbeiten ausgeführt hat, reklamieren. Vor allem bei Auffüllarbeit im Terrassenbereich ist es notwendig, zu überprüfen, welches Material eingebaut und ob es fachgerecht schichtenweise verdichtet wurde. Dieser Fall tritt ein, wenn Auffüllarbeit am Gebäude nicht von der Gartenbau-, Straßenbau- oder Tiefbaufirma ausgeführt wird, die die Fläche auch pflastern soll. Unter Umständen müssen kostspielige Kernbohrungen entnommen werden.

Nach der DIN 18196 – Erdbau (Bodenklassifikation für bautechnische Zwecke und Methoden zum Erkennen von Bodengruppen) werden Böden nach ihrer Zusammensetzung eingeteilt. Dabei spielen Korngrößenbereiche, Korngrößenverteilung, plastische Eigenschaften und der Anteil der organischen Beimengungen eine Rolle. Anstelle komplizierter Laborversuche zur genauen Bestimmung kann man den Boden anhand von sogenannten visuellen und manuellen Feldversuchen auch relativ einfach selbst einordnen.

Grobkörnige Böden wie Kies und grobe Sande sind wasserdurchlässig, frostsicher und damit gut als Unterbau für Pflasterflächen geeignet. Die Korngröße läßt sich grob einteilen: Sind die Einzelbestandteile des Bodens kleiner als Hühnereier, aber größer als Streichholzköpfe, liegt die Korngröße des Bodens im Kieskornbereich, sind sie kleiner als Streichholzköpfe, aber noch gut mit bloßem Auge zu erkennen, liegt sie im Sandkornbereich.

Auch die Gruppe der gemischtkörnigen Böden wie z.B. Kies-Schluff, Kies-Ton oder Sand-Schluff eignet sich noch als Unterbau. Wenn die Körnung nicht mehr mit bloßem Auge zu erkennen ist, handelt es sich jedoch um feinkörnige Böden wie Tone und Schluffe, die das Wasser stark halten und deshalb frostgefährdet sind.

Durch Reiben, Schütteln oder Kneten von Bodenproben lassen sich ebenfalls Rückschlüsse auf die Beschaffenheit ziehen: Beim Zerreiben zwischen den Fingern mit etwas Wasser kann man am Knirschen oder Kratzen den Sandkornanteil eines Bodens feststellen. Tritt beim Schütteln einer Bodenprobe Wasser aus, handelt es sich um schluffigen Boden. Durch Kneten kann man die Plastizität und damit die Verdichtbarkeit eines Bodens beurteilen.

Der Anteil an organischer Substanz, also noch nicht völlig zersetzte pflanzliche oder tierische Rückstände, läßt sich leicht über die Farbe des Bodens bestimmen: je dunkler der Boden, desto mehr organische Substanz. Organische Böden sind gute Wasserspeicher und sollten deshalb nicht unmittelbar unter der Pflasterfläche liegen.

Die DIN 18300 – Erdarbeiten behandelt die Ausführung und betrifft Vorarbeiten für das Pflastern hinsichtlich des Abtrags von Oberboden, des Aushubs für den Unterbau und des lagenweisen Einbauens und Verdichtens des Unterbaus. Innerhalb dieser Norm werden Böden in Klassen eingeteilt, die sich auf ihren Zustand beim Lösen, also auf ihre Bearbeitbarkeit, beziehen. Bodenarbeiten werden von den ausführenden Firmen im Leistungsverzeichnis mit den jeweils bearbeiteten Bodenklassen aufgeführt und dementsprechend abgerechnet. Diese Klassifizierung reicht vom Oberboden über fließende Bodenarten, von leicht und schwer lösbaren Bodenarten bis zu leicht und schwer lösbarem Fels.

Roden und Räumen

Die Herrichtungsarbeit umfaßt notwendiges Aufräumen, so daß mit dem Wege- oder Terrassenbau angefangen werden kann. In Gärten und Anlagen mit einem vorhandenen Baumbestand kann es notwendig sein, Pflanzflächen zu räumen. Grundsätzlich sind bestehende Pflanzen zu schützen und zu erhalten, keinesfalls sollte radikal gerodet werden. Die Pflanzung muß zum Vorteil der Gesamtanlage bei der Planung miteinbezogen werden. Wege können um Baumstämme verlaufen, jedoch weit genug davon entfernt, so daß der Wurzelbereich des Baumes nicht beschädigt wird. Eine Faustregel besagt, einen Abstand vom Kronendurchmesser zuzüglich 2 Meter einzuhalten. Bäume, auch Obstbäume, mit einem Stammumfang von 80 cm oder mehr, gemessen in 1 Meter Höhe, dürfen nicht ohne Genehmigung der örtlichen Behörde gefällt werden. Für eine Fällgenehmigung ist eine einleuchtende Begründung notwendig, Ersatzpflanzung kann gefordert werden.

Bäume sind ohne Laub im Frühling oder Herbst zu fällen. Die Arbeit sollte von Fachfirmen ausgeführt werden. Auch der Wurzelstock ist zu roden, eine Arbeit, die man nicht unterschätzen sollte. Bleibt er im Erdreich, ist es nicht möglich, den Unterbau auszuführen. Der beauftragte Gärtner wird Baumstamm, Äste und Wurzel entsorgen, was für den Laien schwierig ist, wenn er nicht die passenden Geräte zur Verfügung hat und einen großen Garten besitzt.

Stauden und kleine Sträucher lassen sich gut verpflanzen oder zwischenzeitlich seitlich einschlagen, so daß sie nach dem Pflastern für die Bepflanzung der anschließenden Flächen verwendet werden können.

Bei Neubauten entfällt dieser Arbeitsschritt meistens, da die Außenanlagen lediglich humusbedeckt und gegebenenfalls mit einer Terrasse vom Käufer übernommen werden.

35

35, 36
Ausgewachsene Bäume und Sträucher wieder in Form zu bringen, Wege zu befreien, den Garten wieder zu öffnen, ist wohl der schwierigste Schritt in jeder Planung. Wie Luft, Licht, Leben und Ausblick in den Garten gebracht werden, zeigen diese Bilder.
Links, vorher: Ein schluchtartiger eingewachsener Weg, überragt durch eine hohe Eibenhecke.

Oben nachher: Wegeverlauf und Stufenabwicklung wurden erhalten, lediglich der Belag wurde für ein hochwertiges, kleinformatiges Pflaster ausgewechselt. Die Eiben wurden radikal zurückgeschnitten, ein weißes Geländer zur Sicherheit und als Führungslinie eingebaut.

Einmessen und Abstecken

Die Informationen zu Standort und Verlauf von Terrassen, Wegen und Plätzen, die auf dem Werk- und Absteckplan eingetragen sind, müssen maßgetreu auf die Baustelle übertragen werden. Der vermaßte Plan mit Stichmaßen, Angaben zu Winkeln und Radien dient als Grundlage. Je klarer und logischer der Plan, um so schneller und fehlerfreier der Aufbau (siehe Seite 27).

Nachdem der Verlauf von Wegen und Standorten von Terrassen ersichtlich geworden ist, kann eine Feinkorrektur oder auch Änderung zu Größe und Verlauf erfolgen.

Tips zur Ausführung
■ Maßketten von Festpunkten wie Hausecken her aufbauen.
■ Immer in geraden Linien arbeiten.
■ Maße von der Kette im rechten Winkel ablesen.
■ Kreise, Halbkreise und Teile von Kreisen vom Kreismittelpunkt ausstecken. Mittelpunkt mittels eines Pflocks kennzeichnen und mit einer Schnur entsprechend dem Radius die Bogenabwicklung zeichnen.
■ Ausreichend gespitzte Pflöcke bereithalten.

Zu beachten sind:
■ gleichmäßige Wegebreite,
■ Symmetrie von quadratischen, rechteckigen und runden Formen,
■ Einhaltung von rechten Winkeln,
■ schön gezogene Kurven.

Die Höhenangaben sind auf den Pflöcken markiert. Erst wenn abgesteckt ist, kann die zu pflasternde Fläche ausgekoffert werden.

37–39
Von einem Abstellschuppen zu einer Sitzfläche. Einfach aufräumen, alles an seinen Platz stellen und provisorische Bauten entfernen, kann wertvolle Flächen freigeben. Anschliessend ordentlich pflastern, und die Fläche ist perfekt.

Zusammenfassung der Gruppeneinteilung von Böden (nach VOB DIN 18 196)

Hauptgruppe	Gruppe	Beispiele
Grobkörnige Böden	Kies	Fluß- und Strandkies Terrassenschotter, Moränen-kies, vulkanische Schlacke
	Sand	Dünen- und Flugsand Talsand, Beckensand Tertiärsand
	Sand-Kies-Gemische	Moränensand Terrassensand Strandsand
Gemischtkörnige Böden	Kies-Schluff-Gemisch Kies-Ton-Gemisch	Verwitterungskies Hangschutt, lehmiger Kies, Geschiebelehm
	Sand-Schluff-Gemisch	Flottsand, Auelehm, Sandlöß
	Sand-Ton-Gemisch	lehmiger Sand, Schleichsand, Geschiebelehm, Geschiebe-mergel
Feinkörnige Böden	leicht plastischer Schluff	Löß, Hochflutlehm
	mittelplastischer Schluff	Seeton, Beckenschluff
	leicht plastischer Ton	Geschiebemergel, Bänderton
	mittelplastischer Ton	Lößlehm, Beckenton, Keupermergel
	ausgeprägt plastischer Ton	Tarras, Juraton, Septarienton
Böden mit organischen Beimengungen	Schluffe mit organischer Beimengung	Seekreide, Kieselgur, Mutterboden
	Tone mit organischer Beimengung	Schlick, Klei
	grob- bis gemischtkörnige Böden mit humoser Beimengung	Mutterboden
	grob- bis gemischtkörnige Böden mit kalkigen, kieseligen Bildungen	Kalksand, Tuffsand
Organische Böden	nicht bis mäßig zersetzte Torfe zersetzte Torfe	Nieder- und Hochmoortorf Nieder- und Hochmoortorf
	Mudden	Mudde, Faulschlamm

Aufbau und Abtrag (Bodenmodellierung)

Nicht jeder Garten ist eben, und es kann notwendig sein, Boden entweder abzutragen, wenn er zu hoch liegt, oder aufzubauen, wenn er zu niedrig ist. Diese Arbeit kann als Teil einer Gesamtbodenmodellierung im Garten vorgenommen werden oder nur im Bereich der Wege, Terrassen oder des Vorplatzes. Dabei ist darauf zu achten, daß nicht nur die Breite des fertigen Weges als Maß genommen, sondern daß beiderseits ausreichend Arbeitsraum dazugerechnet wird. Eine hilfreiche Regel ist es, bei kleinen Wegen beiderseits die Hälfte der Breite hinzuzurechnen, bei Terrassen 1 Meter an den offenen Seiten, die nicht an ein Bauwerk grenzen. Die Arbeit kann von Hand ausgeführt werden, was in einigen Fällen sogar unvermeidbar und notwendig ist:

■ Unmittelbar im Bereich von Baumwurzeln und schützenswerter Bepflanzung, wo mit Feingefühl gearbeitet werden muß.
■ Auf abfallendem oder terrassiertem Gelände, das mit Maschinen schwierig zu befahren ist.
■ In Bereichen ohne Zufahrtsmöglichkeit, wie zum Beispiel in Innenhöfen ohne Hofeinfahrt.

Im Garten hat sich die Verwendung des »Bobcats« bewährt: wendig, leicht und schmal, ist er geeignet für die Auskofferungsarbeit. Für breite Wege und große Flächen sind größere und schwerere Maschinen notwendig – mit entsprechenden Schaufeln ausgerüstete Bagger zum Beispiel –, die nur von Fachfirmen zu bedienen sind.
Als Auffüllmaterial im Wege- und Platzbereich ist ausschließlich wasserdurchlässiges, kiesähnliches Material zu verwenden, frei von Humus oder pflanzlichen Teilen. Bei tiefer Auskofferung muß lagenweise aufgefüllt und jeweils verdichtet werden, um spätere Bodenbewegungen durch Setzung zu vermeiden.

Von oben nach unten gesehen setzt sich der Aufbau zusammen aus:

Decke	Belag und Sandbett
Oberbau	Tragschicht inclusive Frostschutzschichten
Unterbau	verbesserter Unterbau, wenn erforderlich
Untergrund	anstehender Boden

Der Aufbau des Unter- und Oberbaus

Was sich unter der Pflasterdecke verbirgt, stellt die Voraussetzung für einen dauerhaften, stabilen und ebenen Belag dar, der sich über viele Jahre halten wird.
Obwohl diese Schichten nicht sichtbar sind, sind sie äußerst wichtig und müssen fachgerecht, entsprechend dem vorgefundenen Untergrund, aufgebaut werden.

Die *Beschaffenheit* des anstehenden Bodens, auch Untergrund benannt, ist maßgebend (siehe auch Seite 33). Erfahrungswerte und Prüfstatistiken geben Informationen über Tragfähigkeit und Wasserdurchlässigkeit des Bodens.

In manchen Fällen, wie zum Beispiel auf kiesigem Untergrund, ist es nicht notwendig, einen verbesserten Unterbau auszuführen; auf weichen lehmigen oder moorigen Böden ist es jedoch unbedingt erforderlich.
Der Sinn und Zweck des Unterbaus liegt darin, daß er die oberen Schichten trägt, das Wasser, das durch die Fugen versickert, schnell ableitet und so Staunässe verhindert, die die Stabilität der Fläche gefährdet. Für alle öffentlichen Straßen gelten die Anforderungen und Prüfungen, die in den »Zusätzlichen Technischen Vertragsbedingungen und Richtlinien für Erdarbeiten und Straßenbau« (ZTVE – St.B) aufgeführt sind.

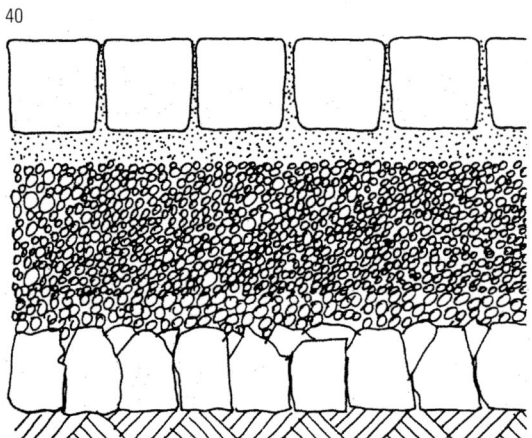

40   Unterbau und Bettung
für Natursteinpflaster.*
Großsteinpflaster-Bettung
in 5 cm Sand,
Körnung Ø 2 – 5 mm.
Unterbett: mind. 30 cm Kies
Grundbau in Lagen: 25 cm
Packlage
In Gegenden mit Kiesunter-
grund kann der Kiesunterbau
die Packlage ersetzen. Die
amtlichen Aushubtiefen sollten beachtet werden.

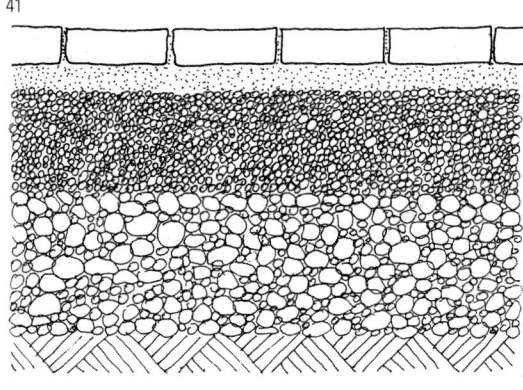

41   Schemenskizzen, Ver-
legung von flachverlegtem
Klinker für unterschiedliche
Verkehrsbelastung:*
Aufbau für schweren Verkehr
(Straßen)
Bettung: 4 – 10 cm Splitt,
Körnung Ø 3 – 4 cm
Unterbau: 30 cm Schotter ein-
gerüttelt und verdichtet,
30 – 50 cm Frostschutzschicht
(Kies) verdichtet
Aufbau für mittelschweren
Verkehr (Parkplätze, Hofein-
fahrten).
Bettung: 5 – 10 cm Splitt oder
Pflastersand,
Körnung Ø 3 – 4 cm
Unterbau: 20 – 30 cm Schotter
als Packlage, eingerüttelt und
verdichtet, 30 – 50 cm Frost-
schutzschicht (Kies) verdichtet,
Tiefe je nach Beschaffung des
Untergrundes.

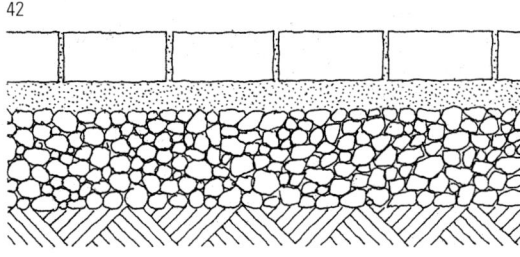

42   Klinker, flach verlegt,
Aufbau für leichten Verkehr
(Gartenwege und Terrassen).*
Bettung: 4 – 5 cm Splitt oder
Pflastersand,
Körnung Ø 3 – 4 cm auf pla-
niertem, festen, wasserdich-
ten Untergrund
Unterbau: 20 – 30 cm Frost-
schutzschicht (Kies) verdich-
tet, in Gegenden mit gutem,
wasserdurchlässigen Unter-
grund (Kies) kann auf den
Unterbau verzichtet werden

*   aus: »Pflaster für Garten,
Hof und Plätze«

Neben der Beschaffenheit des anstehenden Bodens ist die vorgesehene *Belastung* der Fläche äußerst wichtig für den Aufbau und die Tiefe der Tragschichten, auch Oberbau genannt. Alles, was in eigener Leistung ausgeführt wird, liegt höchstens in Bauklasse IV, Belastung durch Befahren mit Pkw, und betrifft nur die Anfahrtsbereiche von Auffahrt, Garagenvorplatz und Stellplätze. Die Wege und Plätze im Garten sind als Flächen mit schwacher Belastung einzustufen und entsprechend auszuführen. Je höher die Belastung, desto stärker müssen die Tragschichten sein.

Wenn der Boden die Anforderungen an Frostschutzschichten erfüllt, kann die erste Tragschicht entfallen. Die Bundesrepublik ist in drei Zonen aufgeteilt:

Zone I: Keine Frostschutzmaßnahme notwendig
Zone II: Frostschutzschicht notwendig: In Bauklasse IV 40 cm
Zone III: Frostschutzschicht notwendig: In Bauklasse IV 50 cm.

Je nach örtlichen Bedingungen und Ausrichtung, zum Beispiel Nordhang, kann stärkerer Bodenfrost erwartet werden. In diesem Fall muß die Frostschutzschicht stärker ausgeführt werden: in Zone II bis + 5 cm, in Zone III +15 cm (siehe Bild 34, Seite 32).

Um sich die Bedeutung einer Frostschutzschicht und die Schäden klarzumachen, die durch fehlende oder unzureichende Schichten entstehen können, stelle man sich die Kraft des Wassers in gefrorenem Zustand vor: Kann das Wasser in Gebieten mit tiefem Bodenfrost nicht versickern, friert es in der oberen Bodenschicht, schwillt an, drückt sich in alle Richtungen und führt so zu Verwerfungen und Verformungen. Verlegen Sie bitte niemals eine Pflasterfläche auf gefrorener Unterlage!

Je nach berechneter benötigter Tiefe wird der Bodenaushub vorgenommen. Als Unterlage für die Tragschicht wird der Baugrund verdichtet.

Eventuell kann es auch nötig sein, verschmutzten oder unzureichenden Unterbau instandzusetzen. Dazu wird der Boden 10 cm tief aufgerissen und das verschmutzte Material abgetragen.

Vor Einbau der Tragschicht werden Wege- und Platzflächen planiert und verdichtet. Die Verdichtungsleistung ist abhängig von der vorgesehenen Belastung. Frostsicherer Kies mit einer Körnung zwischen 0/32 und 0/63 wird profilgemäß eingebaut, verdichtet und feinplaniert. Die zulässige Abweichung von der Sollhöhe beträgt 2 cm.

Wenn mehr als 40 cm Tiefe ausgehoben ist, sind mehrere ca. 30 cm dicke Schichten aufzutragen, die jeweils fachgerecht verdichtet werden. Das Material der Tragschicht muß wasserdurchlässig und frei von erdigen, lehmigen oder pflanzlichen Bestandteilen sein. Auf keinen Fall darf Schuttmaterial oder kiesiges Ausschußmaterial aus dem Garten verwendet werden, da es nicht die geforderten Eigenschaften besitzt.

Unter Feinplanie versteht man, daß die aufgetragenen Kiesunterbauflächen nach den vorgeschriebenen Höhen und Profilen auf ± 1,0 cm unter Sand- und Wasserzugabe bis zur vollen Dichte und Standfestigkeit verdichtet werden. Vorhandene Kiesschichten, zum Beispiel bei Neubauten entlang der Gebäude, sind zu säubern, und die Höhe ist entsprechend den anschließenden Flächen zu korrigieren. Wenn notwendig, ist zusätzlich Kies der Körnung 0/32 aufzutragen, zu planieren und zu verdichten.

Die Voraussetzungen für das Auftragen und Verlegen der Deckschicht sind damit erfüllt.

Diese Bauweise für Unter- und Oberbau gilt für alle Pflasterarten, auch für Betonpflaster. Lediglich die Höhe des Steins und damit die Stärke der Bettung sind bei der Berechnung der Aushubtiefe und der Stärke der Tragschichten zu berücksichtigen.

Schemaschnitte für das Verlegen von Natursteinpflaster
in Mörtel und Beton.
Oben: Für Großsteinpflaster
ist ein 4 cm starkes Pflasterbett aus Zementmörtel auf
der rauhen Betontragschicht
aufzubringen (aufgebaut wie
in Bild 46 erläutert). Mitte
und unten: Für Klein- und
Mosaiksteinpflaster 3 cm (Mischung 1:6) aufbringen. Die
Betontragschicht soll noch
nicht abgebunden sein, der
Mörtel ist erdfeucht aufzubringen. Nachdem die Steine
verlegt sind, muß die Fläche
genäßt und mit Zementmörtel
(1:3) eingeschlämmt werden.
Die Fugen sind verfüllt.

43
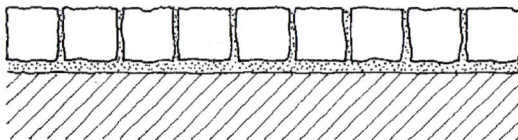

44
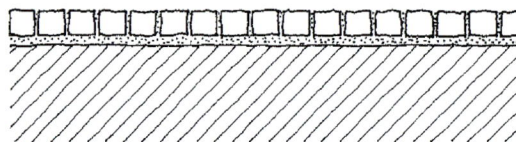

45
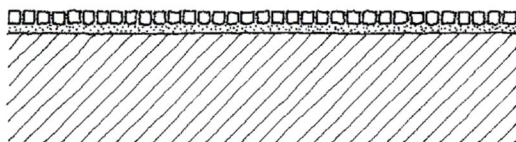

Um die Steine zu säubern, ist
die Fläche mit scharfem Sand
zu streuen und abzukehren
(nach »Natursteinpflasterarbeiten«, zusammengestellt
von Manfred Fischer, 1988).

Pflastern
auf undurchlässigen Unterlagen

In neuen Wohnsiedlungen liegen die Grünanla-
gen häufig auf der Decke der Tiefgarage. Das
Niederschlagswasser fließt nicht in den Untergrund, sondern wird, vom Gefälle der Decke
geleitet, in Gullys abgeführt. Der Aufbau unterliegt hier anderen Voraussetzungen als auf
gewachsenem Grund und sollte ausschließlich
von Fachfirmen ausgeführt werden. Das gilt
auch für Arbeiten auf Flachdächern und Terrassen.
Die Decke oder tragende Konstruktion des
Gebäudes darf auf keinen Fall beschädigt werden. Die tragende Konstruktion übernimmt
die Funktion der Tragschicht. Die Abbildung 46
zeigt den Aufbau: Zwischen Bettung und Filter-
kies kann es notwendig sein, Kiesdrain-Mate-
rial aufzutragen, um die geforderten Höhen zu
erreichen und die Ableitung des Wassers zu
verbessern.

Beachtet werden sollte unbedingt, daß
■ die Decke nie beschädigt werden darf;
■ die Belastbarkeit der Decke geprüft werden
muß, bevor sie mit Maschinen befahren wird;
■ die Abdichtungsschicht an die angrenzende
Mauer anschließt und in ausreichende Höhe
hochgezogen wird.

46
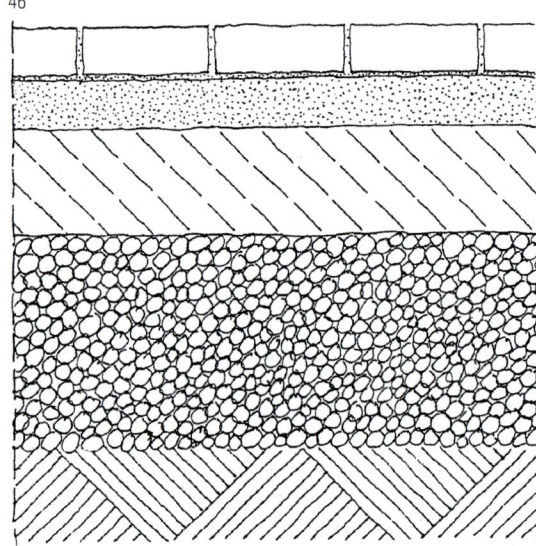

Ausstecken mit Schnurgerüst

Für den Pflastervorgang selber reichen die Angaben zu Wegeverlauf oder Terrassenausmaß
nicht aus. Weitere Angaben sind notwendig:
Hilfslinien, die die Höhe des Belages festlegen,
wie auch Richtung und Verlauf des Musters.
Die Schnurbahnen, die im rechten Winkel
zueinander laufen, sind je nach Verlegungsarten unterschiedlich und werden erst nach
der Aufbereitung und Planie des Splitt- oder
Sandbetts ausgelegt.

47

48

47   Nachdem der fachgerechte Aufbau des Unter- und
Oberbaus und der anschlies-
sende Auftrag des Bettungsmaterials erfolgt sind, wird
der Verlauf der zu pflasternden Fläche mit Eisenstäben
ausgesteckt.

48   Als weitere Markierung der zu pflasternden Fläche sind Schnüre etwa 1 cm
höher als der fertige Belag
zwischen den Stäben zu spannen.

46   Klinkerbelag auf
Unterbeton.*
Klinker verlegt in Zement-
schlämme 2 – 3 mm, Mager-
estrich mit endgültigem
Planum eingebaut und ver-
dichtet.
Unterbeton: Oberfläche mit
Gefälle 2 % von Haus oder
Gebäude (Bewehrung für
Bereiche mit schwerer Last
notwendig), Dehnungsfugen
pro 25 m^2 notwendig.
Unterbau: Verdichtete Frost-
schutzschicht aus nichtbin-
digem, wasserdurchlässigen
Material (Kies.)
* aus: »Pflaster für Garten,
Hof und Plätze«

Werkzeug und Geräte

49

50

Viele der aufgeführten Gegenstände gehören zur Grundausstattung jedes Heimwerkers. Lediglich die Erdbaugeräte und Verdichtungsmaschinen müssen tageweise von Fachfirmen angemietet werden. Für ausführende Betriebe ist die Ausstattung mit fachgerechten Maschinen, Geräten und Werkzeugen eine Selbstverständlichkeit.

Die Pflege und Instandhaltung aller Werkzeuge und Geräte verstehen sich von selbst, sie sind nach dem Gebrauch zu säubern und auf mögliche Defekte zu überprüfen.

Bei den Geräten ist auf die Unfallverhütungsvorschrift zu achten, in der Regel wird der Mieter darauf aufmerksam gemacht.

Gegliedert nach Gebrauchsgruppen, sind im folgenden die wichtigsten und gängigsten Werkzeuge und Geräte aufgeführt.

49   So wurden im letzten Jahrhundert die Pflasterflächen und der Unterbau per Hand verdichtet. Damals zählten Kraft und Regelmäßigkeit, der Stößel mußte gleichmäßig und mit der gleichen Anzahl an Stößen den Stein treffen.

50   Werkzeug (Holzhammer und Pflasterrammer), angeboten um die Jahrhundertwende von William Marples & Sons Ltd, Sheffield. Ein Beweis dafür, daß zu der Zeit das Pflastererhandwerk auch in Großbritannien ausgeübt wurde. Inzwischen gibt es auch dort nur wenige Fachkräfte.

Vermessungsgeräte
(Höhen- und Lagemessung)

Lagemessung

Bandmaß: Erhältlich in 30 und 50 Meter-Längen, dient zur Vermessung von längeren Strecken.
Fluchtstäbe: 2 – 3 m lange und 3 cm starke Rundstäbe, die in Abständen von 50 cm mit wechselnden Farben und unten mit einer Spitze versehen sind. Sie werden zur Festlegung von längeren geraden Strecken verwendet.
Meterstab: Auch Gliedermaßstab genannt, gehört zur Grundausstattung jedes Handwerkers. Hiermit werden kürzere Strecken vermessen und Höhen überprüft.

Höhenmessung

Nivelliergerät: Gerät zur genauen Messung von Höhen bei jeder Flächengröße. Ein präzises Meßgerät, das nur vom Fachmann bedient werden kann.
Setzlatte: In der Regel eine 2 m lange Metalllatte; eine andere Möglichkeit ist eine ebenso lange, gerade Holzlatte (siehe Richtscheit).
Wasserwaage: Prismatischer Holz- oder Metallkörper mit 2 Libellen. Sie dient zur Festlegung von Waagerechten und Gefällen, ablesbar durch den Standort der Luftblase. Wenn angrenzende Beläge vorhanden sind, kann auch eine einfache Latte verwendet werden.
Wiegescheit: Eine 3 – 4 m lange, 15 – 18 cm hohe und 3 cm starke Holzlatte, deren Kanten genau parallel sind, als Verlängerung der Wasserwaage zur Überprüfung der Ebenheit.

Grundausstattung

Für jede Pflasterarbeit sollten auf der Baustelle Besen (Kehrbesen), Pickel, Schaufel und Schubkarren vorhanden sein.
Kelle: Dient zum Glätten des Pflasterbettes.
Maurerschnur: Zur Festlegung von geraden Strecken wird eine Schnur an den Endpunkten an einem Schnurnagel befestigt. Bei längeren Strecken werden zwischen den Endpunkten noch weitere Schnurnägel eingemessen, damit die Schnur immer fest gespannt ist. Der Abstand zwischen den einzelnen Schnurnägeln liegt zwischen 75 – 100 cm. Die Höhe der Schnur liegt 1 cm über der Endhöhe.
Schnureisen: Siehe Schnurnägel
Schnurgerüst: Ein Gerüst aus Pflöcken, Pfählen oder Schnureisen, zwischen denen eine Schnur gespannt wird. Es dient als wichtige Konstruktionshilfe, da es die Ausmaße und Unterteilung einer Fläche angibt.
Schnurnägel: Sie bestehen aus einem Eisen mit einem spitzen Ende, mit dem sie im Boden festgeklopft werden. Die Endhöhen werden auf den Pflöcken bunt markiert. An ihnen wird die Schnur befestigt.

51 Spezialwerkzeug und Grundausstattung für die Ausführung von Natursteinpflaster, von rechts nach links: Pflastererschemel, Holzhammer, Gummihammer, Mosaikpflasterhammer, Großsteinhammer, Kleinsteinpflasterhammer, Kelle, Fäustel, Hammer, Eisenstäbe, (Schnureisen), Schnur, Richtlatte, Wasserwaage

Erdbaugeräte

Bobcat: Wendiges, vielseitiges Fahrzeug für den Transport von Erde, Splitt und sonstigen Materialien, wie auch für die Grabungsarbeit. Wegen seiner geringen lichten Breite einsetzbar im beengten Raum, wo die großen Geräte keine Zufahrtsmöglichkeiten hätten.

Geräte zum Verdichten und Befestigen der Pflasterflächen

Pflasterrammen: Sie bestehen aus Holz oder Metall, wiegen mindestens 30 kg und werden zum Befestigen kleinerer Pflasterflächen verwendet.

Rüttelplatte: Handgeführte Motorgeräte, die vibrieren und dadurch den Boden oder die Tragschicht verdichten. Die Verdichtung reicht zwischen 20–60 cm tief, je nach Größe der Rüttelplatte. Mit leichteren Geräten können auch die Pflasterflächen befestigt werden. Es ist möglich, diese Maschinen auszuleihen.

Rüttelstampfer: Die selbe Funktion wie bei der Rüttelplatte, nur für kleinere Flächen und Gräben. Die Wirkung reicht bei bindigen Böden 20 cm tief, in Sand und Kies bis 40 cm.

52   Durch den Einsatz von Hexen, hier eine Großsteinhexe mit zwischengespanntem Gummi, kann der gerade Verlauf einer Reihe eingehalten werden.

53   Ein Bobcat im Einsatz

Spezialwerkzeug

Gummihammer: Ein Hammer aus Gummi zum Festklopfen von Ziegel- und Klinkerpflaster, damit sie nicht zu Bruch gehen.

Hexe: Ein Metalldreieck mit Griff, erhältlich als Großsteinhexe mit Winkellänge 15 cm oder als Plattenhexe mit Winkellänge von ca. 10–12 cm. Zwischen zwei Hexen wird ein Gummi gespannt. Maximale Spannweite – ohne daß der Gummi durchhängt – 3 m (siehe Bild 52).

Knieschoner: Viele Pflasterer bevorzugen die kniende Arbeitsweise, statt sich auf einen Schemel zu setzen. Ohne Schutz kann diese Arbeitsmethode zu dauernden Schäden führen.

Lehrsteine: Als Anhaltspunkt für die Herstellung des richtigen Profilbogens werden diese Steine in gleichmäßigen Abständen (ca. 2 m) gesetzt.

Pflasterhammer: Diese Hammer haben ein schaufelartiges Ende, die Finne, zum Herrichten des Splittbettes und ein hammerartiges Ende zum Festklopfen des Steins. Je nach Herkunftsort haben die Hammer eine unterschiedliche Form.

Für jede Steingröße wird ein Hammer mit einem anderen Gewicht verwendet:
Mosaikstein: 1,5 kg
Kleinstein: 1,5 kg oder 2 kg
Großstein: 2,5 kg

Pflasterrammer: Früher wurden nicht nur das Pflaster, sondern auch der Unterbau mit einem Pflasterrammer verdichtet. Jetzt wird ein Rammer hauptsächlich für die Verdichtung von Rinnen oder kleinen Flächen eingesetzt. Entsprechend gibt es: Großstein-, Kleinstein- und Mosaiksteinrammer, jeweils nach Gewicht gestaffelt

Richtscheit (Richtlatte): Eine 2–2,5 m lange, 10 cm hohe und 3 cm starke Holzlatte (deren Kanten genau parallel sind). Siehe Wiegescheit.

Schablone: Für aufwendigere Ornamente kann es nötig sein, Schablonen im Maßstab 1:1 in der Regel aus Holz anzufertigen.

Schemel: Ein einbeiniger Stuhl zum bequemeren Arbeiten

Steinsäge: Tischsäge mit Diamantsägeblatt zum Zuschneiden von Klinkern und Platten

Winkelschleifer: Handgerät mit Diamanttrennscheibe als Alternative zur Steinsäge.

Klinkerpflaster

54

54   Elegant und zeitlos:
Klinkerpflaster mit eingearbei-
tetem Natursteinmotiv an
einem Wohnhaus.

55   Klinker verträgt sich
gut mit anderen Materialien.
Hier als Leitbelag mit Kiesel-
stein-Einsatz und Granit,
Großsteinpflaster als Einfassung. Die Rollschicht aus
schmalem Klinkerstein ist
nicht nur ein Gestaltungs-
motiv, sondern auch der Übergang von einem Belag zum
anderen und zudem Einfas-
sung.

55

Pflasterklinker müssen die Anforderungen der
DIN 18 503 – Pflasterklinker erfüllen.
Darin ist sowohl der Begriff festgelegt als
auch die zulässigen Maße, Anforderungen und
Prüfungen, denen Pflasterklinker unterzogen
werden.
Pflasterklinker werden aus Lehm, Ton oder
tonigen Massen mit oder ohne Zusatzstoffe
geformt und bis zur Sinterung gebrannt. Sinterung entsteht bei sehr hoher Brenntemperatur bis über 1 000 °C und ist der Vorgang, bei
dem die Oberfläche der Klinker zum Glasfluß
verschmilzt. Dadurch entsteht eine sehr
dichte, ebene, glatte, aber keine rutschige
Oberfläche. Ein Einblick in den Brennvorgang,
der insgesamt 72 Stunden dauert, vermittelt
einen guten Eindruck der Eigenschaften von
Pflasterklinker:
Vor dem Brennvorgang, der in einem tunnel-
artigen Ofen vorgenommen wird, werden die
feuchten Rohlinge in Trockenkammern bei
Temperaturen bis zu 100 °C langsam getrocknet. Der Brennofen selbst kann je nach Bauart
zwischen 60 und 180 Meter lang sein, aufgeteilt in Vorwärmzone, Brennzone und Abkühl-
zone. Durch dieses langsame Erwärmen, Brennen und Abkühlen wird gewährleistet, daß die
Klinker frei von Spannungsrissen sind.
Während des Trocknens und Brennens wird
Feuchtigkeit entzogen und das Porensystem
geändert. Der Porengehalt bestimmt die Rohdichte (Scherbenfestigkeit), die sich auf die
Frostbeständigkeit, Festigkeit und Wasserauf-
nahmefähigkeit des Steins auswirkt. Je dichter, desto widerstandsfähiger ist der Stein.
Die wichtigsten Eigenschaften werden nach
DIN 18 503 ständig kontrolliert, vor allem in
Hinblick auf die Maße, die Scherbenrohdichte,
Wasseraufnahme und damit die Frostbeständigkeit. Zusätzlich werden Druck- und Biege-
zugfestigkeit wie auch Schleifverschleiß
und Säurebeständigkeit von einem Prüfinstitut
oder einer Gütegemeinschaft geprüft.

56 Lagekarte der Klinkerwerke, erstellt nach Vorlage
von der Arbeitsgemeinschaft
Pflasterklinker. Obwohl eindeutige Klinkerinseln erkennbar sind, kann das Pflaster
überall verwendet werden und
ist keinesfalls an die Gegenden in unmittelbarer Nähe der
Produktionsstätten gebunden.

Formate und Maße

In der Regel haben Pflasterklinker rechteckige oder quadratische Formen, hergestellt für Fugenraster von 100 bis 300 mm. Nach DIN 18 503 beträgt die Mindestdicke 40 mm, alle anderen Maße sind innerhalb der festgelegten Fugenraster frei und müssen auf volle Millimeter gerundet werden. Die zulässige Abweichung von Länge und Breite des Herstellermaßes beträgt ± 3 %, jedoch maximal ± 6 mm, auch in der Dicke ± 3 %, maximal ± 2 mm. Pflasterklinker für engfugige Verlegung (ca. 3 mm) sind mit dem Buchstaben E gekennzeichnet, für eine Fuge mit 10 mm Breite mit F.
Die Bezeichnung der Pflasterklinker ist festgelegt und wird von allen Herstellern einheitlich verwendet:

Länge x Breite x Dicke (Stärke) und Fugenart.

Die Kanten der Klinker können gefast sein. Im allgemeinen erfolgt die Verlegung flachliegend, gelegentlich aber auch hochkant. Hierfür können Pflasterklinker mit geschälter Läuferseite verwendet werden.

Farbe

Die Farbgebung von Klinkerpflaster hängt vom verwendeten Rohmaterial – je nach Standort der Ziegelei: Lehm, Ton oder Schiefer – und von der Brenntemperatur ab. Nicht jeder Klinker ist rot, es gibt auch gelbe und sehr dunkle Farben wie auch Zwischentöne. Ein Blick in den Pflasterklinker-Katalog zeigt, daß keine Farbe identisch ist, obwohl einige Klinkersteine unter der gleichen Bezeichnung geführt werden. Alle Hersteller bieten eine ähnlich breite Palette an Farben und Formen an. Diese Individualität, die ortsbezogen ist und vom Mineralgehalt der Grundstoffe abhängt, ist ein wichtiges Merkmal und ein Reiz des Klinkerpflasters.

Vereinfacht dargestellt, bilden die Farben folgende Gruppen:
■ Rot: Die rötliche Färbung wird durch den Eisengehalt des Tons bestimmt und reicht über die Brauntöne Erdbraun, Rotbraun und Dunkelbraun bis hin zu Rot-Orange.
■ Gelb: Der gelbe Farbton wird durch Kalk in den Tonmassen bestimmt.
■ Buntsteine: Der Brennvorgang selber kann die Farbgebung des Klinkers beeinflussen. Geflammte Steine, bei denen die Oberfläche der Klinker mit hellen und dunklen Flecken versehen ist, werden durch Brennen bei hohen Temperaturen erzeugt. Farben sind: Schwarzbunt, Rot-blau-bunt, Blau-bunt.

60 Pflasterklinker 24/24/7,1 cm,
ocker mit Fase (Sonderfarbe)

57

57 Pflasterklinker 18/18/5,2 cm,
rot mit Fase (leicht gerundete Kanten)

61

61 Pflasterklinker 20/10/5,2 cm,
erdbraun mit Fase

58

58 Pflasterklinker 18/18/7,1 cm,
rotbraun ohne Fase

62

62 Pflasterklinker NF (Normalformat)
24/11/7,1 cm, blaubunt mit Fase

59

59 Pflasterklinker DT 24/11,5/5,2 cm,
hellrot ohne Fase (Sonderfarbe)

63

63 Pflasterklinker, 20/10/5,2 cm,
gelb mit Fase

64 Gehsteigplatte 20,5/20,5/6,5 cm, rotbraun, geriffelt

68 Klinker-Kleinsteinpflaster 6/6/7,1 cm

65 Gehsteigplatte 20,5/20,5/4,3 cm, rotbraun, gekuppt

69 Rinnenplatte 20/20/7,1 cm in allen Pflasterfarben erhältlich.

66 Gehsteigplatte 20,5/20,5/6,5 cm, blaubunt, gekuppt

70 Größenvergleich von Klinkerpflaster

67 Alte Münchner Gehsteigplatte geviertelt mit Ringen 24/24/6 cm, rotbraun

71 Überblick über die Oberflächenstrukturen von Gehsteigplatten

Fugen

Im Gegensatz zum Natursteinpflaster stehen je nach Art des Klinkers drei Arten der Fugenausbildung zur Verfügung:

■ Breite Fugen (8–10 mm) für Klinker mit der Angabe »F«. Die Fugen haben eine starke optische Wirkung, der Versickerungsanteil von Niederschlagswasser ist hoch.

■ Enge Fugen (ca. 3 mm) für Klinker mit der Angabe »E«. Die Fugen wirken wie feine Striche, der Versickerungsanteil ist gering.

■ Enge Fugen bei Pflasterklinker mit Fase. Obwohl die Fuge selbst schmal ist (3 mm), zählt die Fase optisch dazu und ergibt eine anscheinend breite Fuge. Die Fase wirkt wie eine Rinne und leitet das Oberflächenwasser in die Fuge. DIN 18318 – Verkehrswege, -bauten, Pflasterdecken, Plattenbeläge, Einfassungen gibt die Mindestfugenbreite mit 3 mm an, wenn vergossen wird, mit 8 mm.

72

73

74

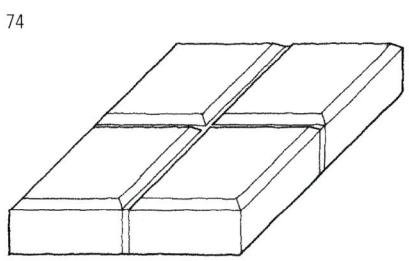

72   Breite Fugen »F«*

73   Enge Fugen »E«*

74   Enge Fugen mit Fase*

*Nach »Klinkerpflaster – eine Information der AG Pflasterklinker«

Flächen geben einen besseren Eindruck über die Farbgebung des Klinkerpflasters als einzelne Steine. Wie die Bilder zeigen, ist auch der Verbund wichtig für die Gesamtwirkung. Stellvertretend für alle Klinkerpflaster ein Ausschnitt aus dem Stadalit-Programm.

75

75 Klinkerpflaster wird oft nach Farben oder Ortsnamen benannt:Reihenverbund (auch Läuferverbund genannt), mittelbraun-bunt, Pflastertyp »Brügge«

76   Reihenverbund, mittelbraun-geflammt, »Kiel«

77   Reihenverbund, »Barcelona«-Pflaster, rotbraun-bunt

78   Kreuzverbund, »Wismar«-Pflaster, naturrot

79   Ellbogenverbund, »Köln«, rot-geflammt

80   Reihenverbund, »Münster«, braun-bunt

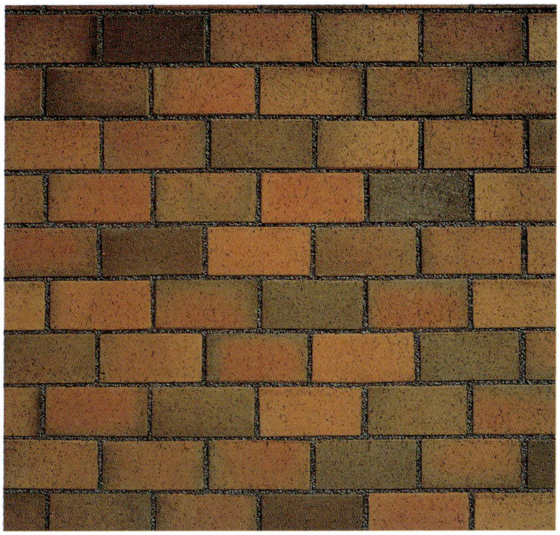

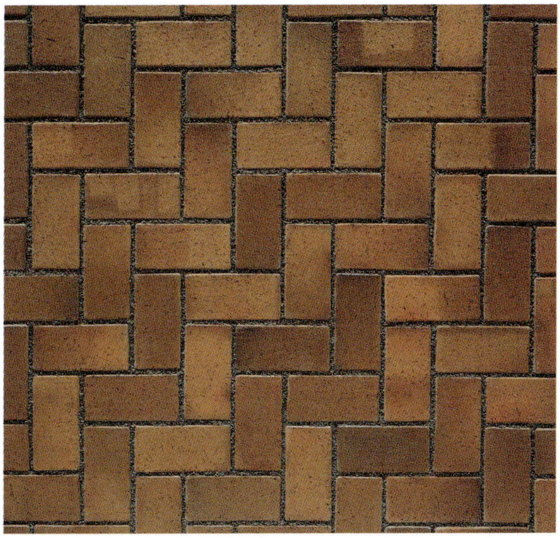

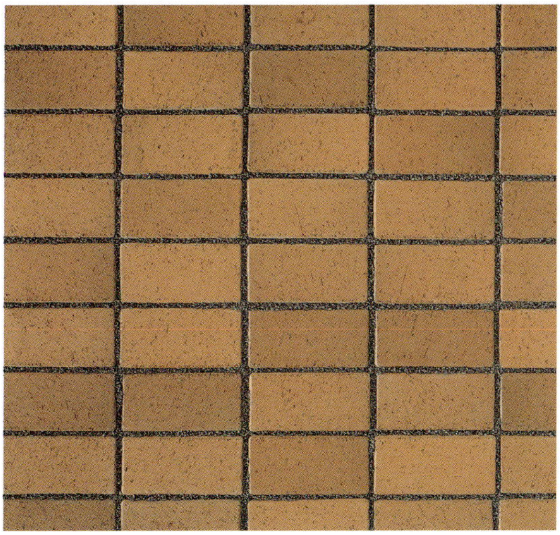

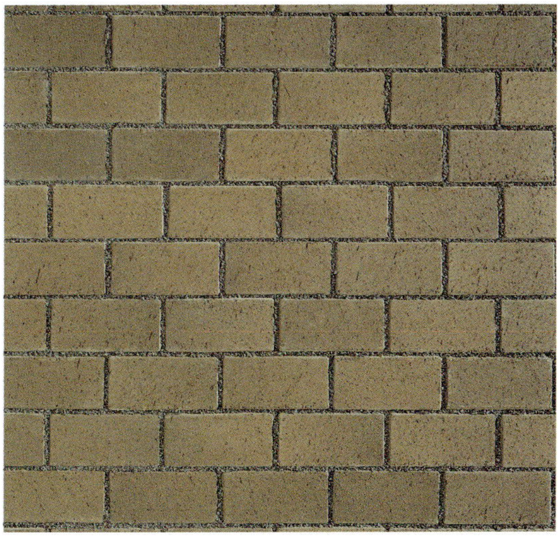

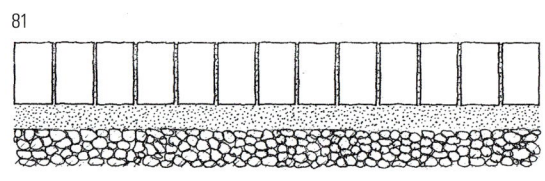

81

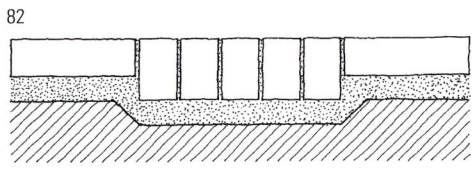

82

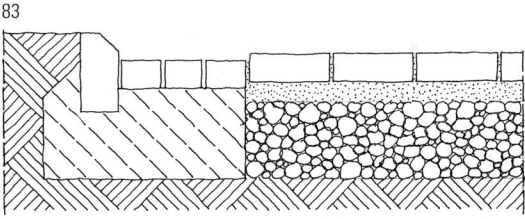

83

Allgemeine Tips zur Ausführung

■ Stets örtlich vorkommendes Bettungsmaterial verwenden.

■ Ein zu hoher Kalkanteil im Bettungsmaterial kann zu Ausblühungen in der Oberfläche
führen. Dies ist keinesfalls auf ein schlechtes
Produkt zurückzuführen, sondern auf einen
ganz natürlichen Vorgang. Um dies zu vermeiden, empfiehlt sich Granitsplitt, Körnung
0–5 mm, als Bettungsmaterial.

■ Nur im überdachten Bereich eine starre
Verlegung auf Mörtel ausführen.

■ Pflasterbett je nach Beschaffenheit und
Korngröße des Bettungsmaterials etwas stärker auftragen, glatt abziehen und anschließend
verdichten, je nach Größe der Fläche mit
einem Handverdichter oder Rüttler. Allgemein
entspricht die Höhe des Sandbetts vor dem
Verdichten der Höhe der fertigen Oberfläche.
Zweck der Verdichtung ist es, einen sicheren
Untergrund für den Klinkerbelag zu schaffen.

■ Eine Ausnahme zu den regelmäßigen Klin-
kersteinen sind die flächigen, handgeschla-
genen Steine. Die einzelnen Steine sind in
ihrer Oberfläche leicht unterschiedlich, wobei
Format und Maße eingehalten werden.
Hochstehende Ecken und leichte Dellen sind
durch das Herstellungsverfahren bedingt.

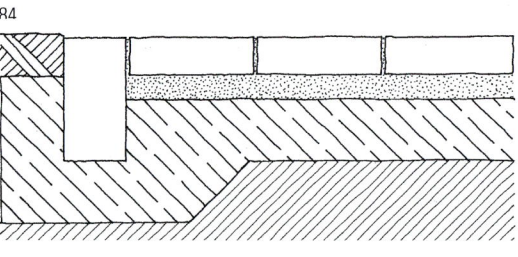

84

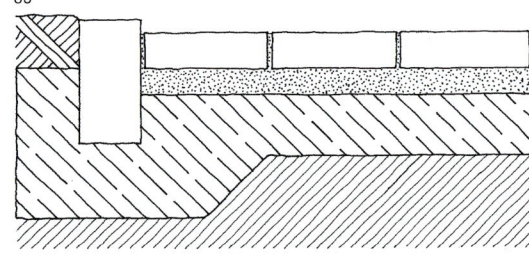

85

81 Hochkant verlegtes Klinkerpflaster. Egal ob das Pflaster hochkant oder flach verlegt wird: die Bettung (Splitt, Pflastersand, Mörtel) muß die notwendige Stärke von 3–5 cm in verdichtetem Zustand haben. Oberbau und Unterbau müssen fachgerecht ausgeführt werden. Die tiefen Fugen sind sorgfältig zu füllen.*

82 Bündiger Wechsel von flacher und hochkanter Verlegung, Aufbau der Bettung entsprechend berücksichtigen.*

83 Wenn der Rand oder die Einfassung in einem Betonkeil verlegt wird, sind sie wesentlich stabiler (hier gezeichnet mit angrenzender dreizeiliger Rinne).*

84 Schemaschnitt: Einfassung bündig mit der Pflasterfläche.*

85 Schemaschnitt Einfassung als Hochbord, etwa 2 cm überstehend.

*Nach »Klinkerpflaster – eine Information der AG Pflasterklinker«

** Die angegebenen Stückzahlen sind Zirka-Angaben.

*** Die Stückzahl kann von Hersteller zu Hersteller unterschiedlich sein.

Klinker- und Ziegelpflasterbedarf pro Quadratmeter **

Format in mm	Stück/Palette ***	Stück/m² Flach verlegt	Stück/m² Hochkant verlegt
Rechteckig			
300 x 150 x 63	195	20 – 22	
240 x 118 x 80	264	31 – 34	50
240 x 118 x 71	312	31 – 34	56 – 58
240 x 118 x 63	336	32 – 34	63 – 67
240 x 118 x 52	408 – 432	32 – 34	75 – 80
240 x 115 x 52	410 – 435	32 – 35	67
240 x 120 x 90	320	35	
200 x 100 x 100	288	46 – 50	48
200 x 100 x 80	360	46 – 50	51
200 x 100 x 71	396	46 – 50	67
200 x 100 x 63	420 – 432	46 – 50	67 – 75
200 x 100 x 52	510 – 540	46 – 50	90 – 96
Riegel			
240 x 57 x 52	912	66	
255 x 52 x 52	912	66	
200 x 50 x 52	1080	96	
Quadratisch			
200 x 200 x 71	176	23 – 24	
200 x 200 x 63	195	24	
200 x 200 x 52	240	23 – 25	
150 x 150 x 52	456	44	
150 x 150 x 62	360	44	

Der Sandbedarf für Pflasterbett, Einfegen und Abstreuen liegt zwischen 0,08 und 0,10 m³ je Quadratmeter.

Verlegeanleitungen:
Pflastern eines Klinkerweges

Verwendetes Format: 240x118x52 mm
Stückzahl auf einer Palette: ca. 408 – 432
Bedarf pro m²: 32 – 34 Stück
Bettung: Sand, 0 – 5 mm Körnung, frei von lehmigen Teilen. Einschlämmen mit Promenadengrand. Stets örtlich vorkommendes Material verwenden, u. a. Splitt, Kies.
Verlegungsart: Kreuzverband, in Läuferverband übergehend.
Besonderheiten des Weges: Schmaler Weg, allmählich breiter werdend, bis zum Anschluß an die vorhandene Terrasse
Planung: Christian Wegener, Landschaftsarchitekt, Hamburg
Ausführung: J. Lorenzo Otero GmbH. Garten- und Landschaftsbau, Quickborn

Arbeitsablauf

1. Der Gartenweg ist ausgekoffert, ca. 40 cm Tiefe. Der Wegeverlauf berücksichtigt den vorhandenen Baumbestand (Bild 86).
2. Tragschicht gleichmäßig aufbringen. Im Hintergrund, in unmittelbarer Nähe, liegt das gestapelte Klinkerpflaster (Bild 87).
3. Schnureisen setzen zur Markierung von Außenkante und Verlauf des Weges (Bild 88).
4. Schnur zwischen den Eisen spannen; sie gibt die Höhe des Belages an (1 cm über fertig verdichteter Höhe).
5. Sandbett innerhalb der vorgegebenen Grenze gleichmäßig aufbringen. Je nach Beschaffenheit des Materials etwas dicker auftragen (Bild 89).

Tips zur Gestaltung

■ Wegebreite prüfen, bei einem Hauptweg sollten zwei Personen bequem aneinander vorbeigehen können: Mindestmaß 110 cm.

■ Wegebreite vor Arbeitsbeginn errechnen: Das Endmaß hängt von der Verlegungsart ab und setzt sich zusammen aus dem Klinkermaß, der Anzahl der in eine Richtung zu verlegenden Klinker und der Anzahl und Breite (0,3 mm) der Fugen.

■ Wegeverlauf und Lage am Ort vor Arbeitsbeginn prüfen, vorhandene Bäume berücksichtigen. Nach Möglichkeit außerhalb des Wurzelbereiches arbeiten.

■ Immer im rechten Winkel an angrenzende, befestigte Flächen anschließen.

■ Zwischen neuem Weg und vorhandener Terrasse eine neutrale Reihe Steine verlegen, entweder Naturstein oder Klinkerpflaster.

Tips zur Ausführung

■ Benötigte Stückzahl an Klinkern errechnen, aufrunden, einige Steine für spätere Ergänzungen in Reserve halten.

■ Schnitt einkalkulieren.

■ Immer aus mehreren Paletten arbeiten.

■ Ränder oder Einfassung zuerst verlegen.

■ Vorhandene Pflanzung soweit wie möglich erhalten. Bodendecker können ausgegraben, eingeschlagen und nach Fertigstellung der Pflasterfläche wieder eingepflanzt werden.

■ Gefälle bereits im Pflasterbett berücksichtigen (ca. 2 %).

■ Im Gegensatz zu Natursteinpflaster arbeitet der Pflasterer vorwärts.

86

88

87

89

6. Überprüfen der Stärke des Sandbetts (3–5 cm). Pflasterbett abziehen, überschüssiges Material entfernen. Das Gefälle ist bereits im Sandbett berücksichtigt (Bild 90).

7. In diesem Beispiel wird etwas Zement auf das Sandbett aufgetragen. Ein Vorgang, der nicht immer notwendig ist und hauptsächlich zur Stabilisierung des Betts bei hoher Belastung dient (keinesfalls bei Splitt oder feinkörnigem Kies anwenden) (Bild 91).

8. Zement mit der Schaufel gut untermischen. Achtgeben, daß die Klinkersteine nicht durch Bindemittelstaub verschmutzt werden. (Bild 92)

9. Höhe des grob gerechten Sandbetts überprüfen (Bild 93).

10. Arbeitsschienen am Wegrand aufstellen. Höhe und waagerechte Lage mit Wasserwaage prüfen, Wegebreite mit Zollstock überprüfen (Bild 94).

11. Sandbett glattziehen und verdichten. Bei kleineren Flächen wie hier mit einem Handverdichter, bei größeren mit einem Rüttler (Bild 95).

12. Klinkerpflaster mit besonderer Aufmerksamkeit auf die Fugenbreite verlegen. Die Steine müssen im rechten Winkel zum Wegrand sitzen (Bild 96).

13. Bereits verlegte Fläche mit Fugenmaterial am Ende des Arbeitstages einkehren. Dieser Vorgang wird für jeden Arbeitsabschnitt wiederholt (Bild 97).

94

95

97

96

98

101

99

102

14. Ränder sauber ziehen, Betonkeil B15 anbringen für einen besseren Halt der Fläche (nur notwendig, wenn seitlich keine Einfassungssteine verlegt wurden) (Bild 98).
15. Anschluß an die Terrassenerweiterung durch eine einzelne Zeile Granit-Großsteinpflaster. Die Endbreite des Weges beträgt 150 cm, eine allmähliche Verbreiterung von 70 cm auf 150 cm wird erreicht durch einen Wechsel in der Verlegungsart, von Kreuzverband in Läuferverband.
Zu beachten sind die sauberen und ruhigen Übergänge, vor allem im Fugenverlauf. Die Verwendung einer durchgehenden Wegebreite und eines einheitlichen Verlegungsmusters ist einfacher (Bild 99).
16. Paßstück einsetzen: Nach dem Messen der Breite wurde der Klinkerstein genau paßgerecht geschnitten (Bild 100).
17. Fugen überprüfen, notwendige Korrekturen vornehmen (Bild 101).
18. Anschlußsteine mit einem Gummihammer festklopfen (Bild 102).
19. Verlegte Flächen einstreuen, einfegen und unter Beigabe von Wasser einschlämmen (Bild 103).

20. Mit Flächenrüttler (ausgestattet mit einer Gummiplatte oder Gummischuh) die Flächen sorgfältig und gleichmäßig verdichten, bei großen Flächen vom Rand der Mitte zu. Nach dem Rütteln liegt die Fläche um etwa 1 cm tiefer auf Fertighöhe (Bild 104).
21. Fertig abgerüttelte Fläche nochmals absanden, einfegen und einschlämmen, Baustelle säubern. Restsand auf der Fläche einige Zeit (ca. 2 Wochen) auf der Pflasterfläche liegen lassen, bis die Fugen vollständig verfüllt sind. Der Weg kann nach etwa einer Woche betreten werden (Bild 105).

104

103

105

Verlegeanleitungen: Ziegelstreifen in einer Natursteinpflasterfläche auf Unterbeton

Material: Ziegel-Riemchen, Sonderformat, 4 cm stark, 24,8 x 5 cm (Bild 109). Wegen Frostgefahr nur Klinker in gemäßigten Zohnen verwenden.
Kalkstein, bruchrauh, 15 – 20 cm Durchmesser. Oberfläche geschlagen, in Wildverband verlegt.
Bettung: Estrich
Fugenmaterial: Zementmörtel 1:3
Verband: Kreuzverband, drei Steine breit

Arbeitsablauf
1. Die Arbeit wird stückchenweise ausgeführt. Nach Auftragen und Glätten des Estrichs mit einem Handverdichter wird die Breite des zu pflasternden Streifens eingekratzt. (Bild 106; für den Aufbau siehe Bild 46)
2. Mit einer Setzlatte wird die Höhe des Pflasterbetts geprüft (Bild 107).
3. Anschließend werden die Steine in die noch erdfeuchte Estrichschicht verlegt, mit einer Rüttelplatte verdichtet und die Fugen mit Zementmörtel verfugt. Nur so viel Estrich auftragen, wie im Arbeitsabschnitt bearbeitet werden kann. Nicht austrocknen lassen, immer im erdfeuchten Zustand arbeiten. Nach Bedarf bei heißem oder kaltem Wetter Zusatzmittel beigeben, um das Abbinden zu bremsen oder zu beschleunigen. Die Flächen können nur für wenige Stunden gesperrt werden, da der Zutritt zu den Häusern immer gewährleistet sein muß. Vor dem Abbinden der Fläche ist dies nur über Bohlen möglich.

Tips zur Ausführung:
(mit Berücksichtigung einiger Besonderheiten)

■ Pflastern in einem beengten, ansteigenden Raum in einem historischen Dorfkern Südfrankreichs. Auflagen des Denkmalschutzes und zur Erhaltung des Ortsbildes sind mit der Ausführung einer funktionsgerechten Fläche zu vereinen.
■ Ortstypisches Material verwenden, in anderen Orten ist passendes Material auszusuchen.
■ Neben dem Farbkontrast wirkt der gleichmäßige, mittelliegende Streifen wie ein Führungselement durch die engen Gassen. Die verbleibenden Restflächen, egal welcher Größe, sind einheitlich mit Natursteinpflaster verlegt.
■ Oberflächenwasser wird über Gullys ab-, in Röhren unter der Klinkerfläche weitergeleitet. In der Regel ist die Ausführung von versiegelten Flächen zu vermeiden, Ausnahmen sind:
■ Überdachte Flächen,
■ Flächen in steiler Hanglage, wo Niederschlagsregen oder Schmelzwasser die Fugen ausspülen könnten.

106

107

109

108

4. Nach Fertigstellung des Streifens wird die Natursteinpflasterung beidseits zwischen Streifen und Gebäudekante vorgenommen. Die Verlegung und Verfugung erfolgen analog in Estrich und Zementmörtel (Bild 108).

Über Natursteinpflaster
und das Pflastern

110

110   Neues Granit-
Großsteinpflaster liegt im
Steinbruch zum Beladen
bereit.

111   Fein bearbeitetes
Natursteinpflaster mit exak-
ten Kanten und gesägter
Oberfläche ist teuer. Gesägte
Bischofsmützen und Klein-
steinpflaster, wie hier abgebildet, werden selten verwendet. Musterfläche der Ver-
einigten Granitbetriebe GmbH
& Co, Fürstenstein

Gesteinsarten und -größen

Bei Natursteinpflaster ist zu unterscheiden
zwischen Steinen, die im Steinbruch abgebaut
und nach Größen bearbeitet werden, und
unbearbeiteten Steinen, die in ihrer natürlichen Größe und Form verlegt werden.

111

Neues Material nach DIN 18502

Ein sehr großer Anteil der Bodenbefestigung wird mit würfelähnlichen Steinen verlegt. Maße, Bezeichnungen und Qualitäten neuer Pflastersteine sind nach DIN 18502 genormt. Die DIN-Norm ist wichtig als Qualitätskontrolle und wird nach Bedarf fortgeschrieben und ergänzt. Danach sind drei Pflastergrößen erhältlich: Großsteinpflaster, Kleinsteinpflaster und Mosaiksteinpflaster.

Zusätzlich zu der Festlegung von Steingrößen und Toleranzen geben die Güteklassen eindeutige Hinweise zu Steinqualität, Farbe und Toleranzgrößen an den Kopf-, Fuß- und Seitenflächen. Ergänzend zu den genormten Güteklassen I und II gibt es folgende nicht genormte: Klasse I b und Klasse III. Da Klasse III ein Ausschuß bereits vorsortierter Steine ist, sind die Unterschiede in Größe und Farbe zwischen den einzelnen Steinen erheblich.

Großsteinpflaster Innerhalb dieser Gruppe ist deutlich zwischen neuem und altem, das heißt gebrauchtem Material, das der DIN-Norm nicht unterliegt, zu unterscheiden. Neues Material ist in fünf Größen erhältlich – jeweils nach Gesteinsart gegliedert. Zuerst ist die Breite angegeben, dann die Länge, anschließend die Höhe.

Granit
Größe 1: 160 x 160 – 220 x 160 mm
Größe 2: 160 x 160 – 220 x 140 mm
(nur in Güteklasse I lieferbar)

Basalt, Basaltlava, Diorit, Grauwacke, Melaphyr
Größe 3: 140 x 140 – 200 x 150 mm
Größe 4: 140 x 140 – 200 x 130 mm
Größe 5: 120 x 120 – 180 x 130 mm

Wenn nicht anders gefordert, wird immer ein Anteil von etwa 10 % Bindersteinen (auch Anderthalber genannt) in der Lieferung sein. Die Längen dieser Steine sind je nach Größe unterschiedlich. So betragen die Längen für
Größe 1 und 2 von 220 bis 290 mm
Größe 3 und 4 von 200 bis 230 mm
Größe 5 von 180 bis 210 mm.
Bei Güteklasse I beträgt die zulässige Toleranz der Größenabweichung ± 10 mm, bei Güteklas-

112

112 Drei Pflastergrößen zusammen auf einer Fläche – eher eine Zufallslösung als eine beabsichtigte Gestaltung. Im Vordergrund Granit (Großsteinpflaster), verlegt in eine lockere Interpretation eines Reihenverbands. Anschließend Granit (Kleinsteinpflaster) in Segmentbögen, dazwischen ein Streifen Porphyr (Mosaiksteinpflaster). Solche Kombinationen werden wegen des unterschiedlichen Belastungsgrades des Pflasters selten ausgeführt.

se II ± 15 mm. Danach können die Abmessungen von Granit-Großsteinpflaster 150 – 170 x 150 – 230 x 130 x 170 mm betragen, alle Varianten eingeschlossen.

Zu beachten ist, *daß die Satzhöhe der Steine innerhalb einer Lieferung nicht zu unterschiedlich ist,* da dies die Verlegearbeit erschwert. Die Höhendifferenz muß unten im Bett ausgeglichen werden, da die Oberfläche der Pflaster eben und glatt sein sollte.

Die Güteklassen dienen weiterhin dazu, daß ein Verband gut und regelmäßig verlegt werden kann, daß die Fugenbreiten gleichmäßig sind und die Farbgebung der Steine einheitlich ist. Für jede Steingröße sind die Merkmale der Güteklassen gleich, vorgeschrieben von der DIN 18502:

Güteklasse I

Kopfflächen, die einfarbig, rechtwinklig und vollkantig sind. Die zulässigen Aushöhlungen und Buckel betragen bis zu 5 mm. Die Fußfläche muß annähernd parallel zur Kopffläche sein, bruchrauh oder leicht bearbeitet. Die Seitenflächen sind möglichst senkrecht zur Kopffläche und bruchrauh, so daß keine Fugen entstehen können, die breiter als 10 mm sind.

Steine der Güteklasse II im Vergleich

Fehlfarben sind an den Kopfflächen zulässig, die Fläche ist zwar rechtwinklig, aber bruchrauh, die zulässigen Aushöhlungen und Buckel sind mit 10 mm doppelt so groß. Die Fußflächen sind genauso wie in Güteklasse I, die Seitenflächen so, daß die maximale Fugenbreite 15 mm beträgt.

Die Unterschiede in Fugenbreite, Farbgebung und Oberflächenstruktur der Steine sind in der verlegten Fläche für den Fachmann sichtbar.

Kleinsteinpflaster Im Gegensatz zum Großsteinpflaster werden nur drei Größen vorgeschrieben, die alle drei von der DIN-Norm erwähnten Gesteinsarten betreffen: Basalt, Diorit, Gabbro, Granit, Grauwacke, Melaphyr:

Größe 1: 100 x 100 x 100 mm
Größe 2: 90 x 90 x 90 mm
Größe 3: 80 x 80 x 80 mm.

Wenn die in Güteklasse I zulässigen Abweichungen der Abmessung dazu gerechnet werden, betragen die Größen:

Größe 1: 110/90 mm (11/9)
Größe 2: 100/80 mm (10/8)
Größe 3: 90/70 mm (9/7)

Der Pflasterer bezieht den Toleranzspielraum mit ein und spricht von 11/9, 10/8 und 9/7. Die Güteklasse II mit Toleranz von + 20 mm bis – 10 mm ist nur in Größe II (110/80) erhältlich. Die DIN-Norm geht davon aus, daß die meisten Kleinsteine in Bogenform, als Segmentbögen, Schuppen- oder Halbschuppenbögen verlegt werden. Deshalb steht ausdrücklich geschrieben, daß ausreichend Steine mit Zwischenmaßen, also 5 % schmalere Steine, mitgeliefert werden, deren Länge oder Breite die Toleranzgrenze bis zu 10 mm unter- oder überschreitet. Die Höhe ist auf jeden Fall einzuhalten. Sollte Reihen-, Netz- oder Passéepflaster ausgeführt werden, ist dieses unbedingt bei der Bestellung anzugeben. Zum Listenpreis wird dann ein Zuschlag pro Tonne für manuelle Sortierung erhoben. Ein kleiner Preis, da man davon ausgehen kann, daß alle Steine verwendet werden können und die Regelmäßigkeit der Steingröße innerhalb des Verbandes eingehalten werden kann.

Mosaiksteinpflaster Mosaikstein-Größen, alle nur Güteklasse I, werden in Basalt, Diorit, Gabbro, Granit, Grauwacke und Melaphyr angeboten:

Größe 1: 60 x 60 x 60 mm (7/5)
Größe 2: 50 x 50 x 50 mm (6/4)
Größe 3: 40 x 40 x 40 mm (5/3)
Toleranzen von ± 5 mm sind zulässig.
Ebenso wie bei Kleinsteinpflaster wird angenommen, daß im allgemeinen Bogenformen verlegt werden. Auch hier empfiehlt es sich, die vorgesehene Verlegungsart bei der Materialbestellung anzugeben.

Altes Pflaster

Neben den genormten Pflastersteinen ist eine Vielzahl von Gesteinsarten, Sonderformaten und Größen erhältlich. In vielen Fällen ist die Lieferung sortiert, da sie von einem Abbruchort stammt. Wenn nicht gleich von einem anderen ähnlichen Stein getrennt gelagert wird, kann es allerdings zu einem Stein-»Misch-Masch« kommen, der nur als Tonnenware verkauft wird. Solche Lieferungen bereiten Probleme bei der Verlegung, da das Sortieren am Ausführungsort stattfinden muß. Der Ausschuß kann möglicherweise hoch sein, was am problematischsten ist, die Satzhöhen können sehr unterschiedlich sein. Mehr Material muß bestellt werden, da 10 % – wenn nicht mehr – Steine nicht brauchbar sind.

Dennoch ist der Reiz von gebrauchtem Pflaster unumstritten:
■ Die Kopfflächen sind glatt und angenehm zu begehen.
■ Die Steine dunkeln nicht weiter nach, die gelieferte Farbe ist gleich Endfarbe.
■ Seltene Gesteinsarten, die heute nicht mehr abgebaut werden, sind nur als gebrauchte Ware erhältlich.

Für die Instandsetzung von historischer Pflasterung und Anpassung an denkmalgeschützte Bauten können nur gebrauchte Pflastersteine verwendet werden.
Nach Wiener Muster nahmen viele Städte das Diagonalpflaster zum Vorbild, aus einem Sortiment von Großsteinpflastergrößen verlegt: Würfel, Binder, Doppelstein, Fünfecke und Dreieck.
In vielen Städten ist diese Pflasterart zu finden, nicht nur auf Straßen, sondern auch auf Plätzen und Höfen. Bei einer Umgestaltung eines kleinen Hofes in München entdeckte ich bei der Abbrucharbeit einer Asphaltdecke kostbare, wunderschöne Großsteine in Diagonalpflaster. Nur weil die Abbruchfirma mit Vorsicht und Feingefühl arbeitete, konnte fast die gesamte Fläche erhalten bleiben. Säuberlich von der Asphaltdecke getrennt, wurde die Qualität der Granitsteine offensichtlich. Daß die Planung geändert und die Materiallisten umgearbeitet werden mußten, war ein kleiner Preis für einen Belag, der zum denkmalgeschützten Haus paßt.

113

113   Altes Pflaster vor dem Hauseingang: hier Mischgrößen von Großsteinpflaster, verlegt in einem Übergang vom Wild- zum Reihenpflaster.

Diese Erfahrung zeigt, wie wichtig es ist, vor Planungsbeginn eine Suchgrabung auf einem kleinflächigen Stück zu machen, um von Anfang an den Bestand in die Planung miteinzubeziehen.

Großsteinpflaster-Sonderformate

Keine andere Pflastergröße umfaßt ein so umfangreiches Sortiment wie das Großsteinpflaster. Das betrifft weniger die neuen Steine, die alle genormt sind, als gebrauchtes Material, das je nach Herkunft und Alter ein anderes Format aufweist. Ein Überblick über diese Steine ist wichtig, zum einen für die Instandsetzung historischer Flächen, zum anderen wegen ihrer Klassifizierung und weiterer Verwendung.

Bereits Anfang des 20. Jahrhunderts führte man eine Klassifizierung der Steine ein, die auch das damals historische Pflaster aufnahm. Es wurden acht Klassen unterschieden, die die Steine sowohl nach Bearbeitung als auch nach Alter gliederten:

Klasse 8: Rundsteine, Findlinge, im Feld gesammelt und verlegt.

Klasse 7: Spaltsteine und aufgeschlagene Feldsteine, die mit der glatten Fläche als Kopffläche verlegt werden. Bis ins 19. Jahrhundert wurden auf diese Art und Weise Straßen gepflastert.

Klasse 6: Wechsel von runder zu polygonaler Kopffläche. Der Fugenanschluß ist besser als bei Rundsteinen, aber immer noch mangelhaft.

Früher als Findlinge bearbeitet, später auch von Brüchen bezogen.

Klasse 5: Steine mit rechteckigen oder quadratischen Kopfflächen. Berichten zufolge wurde die erste derartige Pflasterung 1825 in London ausgeführt. Die Steine waren immer noch bearbeitete Findlinge, was zu Problemen führte. Zuerst wurden die Steine sortiert, später aber direkt vom Steinbruch bezogen. Die Verbesserung der Transportmittel (Eisenbahn) machte es möglich, größere Mengen zu günstigen Preisen zu transportieren.

114 Das Pflaster im Innenhof des Royal Naval College, Greenwich, ist eines der wenigen im Original erhaltenen Beispiele von altem Pflaster in England.

115 Eine Nahaufnahme des Kalkstein-Großpflasters zeigt, wie gut Verarbeitung und Verlegung zu der Zeit waren.

114

115

Klasse 4: Die Größen entsprachen Klasse 5, nur aus anderem Material. Die Toleranz der Abweichungen in Breite und Höhe des Steins war großzügig, bis zu 3 cm. Sollte ein Reihenverband sauber ausgeführt werden, mußte sorgfältig sortiert werden.

Klasse 3: Um eine bessere Verlegung zu ermöglichen, wurde die Toleranz auf 1 cm reduziert. Die Maße betragen 15–30 cm Länge, 12–13 cm oder 13–14 cm Breite, 10–16 cm oder 19–20 cm Höhe. Die Fußfläche war kleiner als die Kopffläche, jedoch mindestens $^2/_3$ davon. Die Verjüngung der Seitenflächen durfte höchstens 2 cm betragen.

Natursteinpflaster: Stückzahl, Tonnen und Bedarf

Format		Stück pro Tonne	m²/Tonne	Bedarf pro m²
Großsteinpflaster				
	Kl. I	90–100	2,7	
	Kl. Ib	90–100	2,7	
	Kl. II	100–110	2,8	
	Kl. III	150–200	3,3	
Großsteinpflastertypen:				
(gilt auch für gebrauchtes Pflaster)				
	Würfelsteine			25
	Würfel und Binder			17
	Prismen			43
	Prismen und Binder			29
	Köpfel			30
	Köpfel und Binder			20
Kleinsteinpflaster				
	Kl. I 10–12 cm	4,0		je nach Größe
	Kl. I 9–11 cm	490	4,4	100–115
	Kl. I 8–10 cm	550	4,8	
	Kl. I 7–19 cm	800	5,8	
	Kl. I 6–18 cm		6,5	
	Kl. Ib 8–11 cm	540	4,8	
	Kl. II 8–11 cm	540	4,8	
	Kl. III 7–11 cm	650	5,0	
Mosaiksteinpflaster				
	5–7 cm	2500	7,0	je nach Größe
	4–6 cm	4000	8,5	270–290
	3–5 cm	5000	10,0	

Klasse 2: Die Maße sind dieselben wie in Klasse 3, die Verjüngung der Seitenflächen darf jedoch nur 1 cm betragen und die Fußfläche muß $^4/_5$ der Kopffläche sein. Die Steine der 3. und 2. Klasse mußten eben, voll- und scharfkantig bearbeitet sein. Weiterhin durften seitlich keine Teile herausstehen, damit die Fugen zwischen den gesetzten Steinen nicht größer als 1 cm waren.

Klasse 1: Die Steine verjüngen sich nicht und sind sauber bearbeitete Würfel. Die Fußfläche ist so groß wie die Kopffläche, so daß jede Fläche als Kopffläche verwendet werden kann. Ein Recyclinggedanke, der theoretisch vernünftig, in der Praxis aber nicht durchführbar war, da durch die Abnutzung des Steins die gewölbte Fläche eindeutig als Kopffläche erkennbar war. Diese Qualität von Material wurde schichtweise per Hand geschlagen, sorgfältig aufgeladen und per Bahn als kostbare Fracht transportiert. Ein Luxus an Arbeitsaufwand, welcher heutzutage nicht mehr möglich ist.

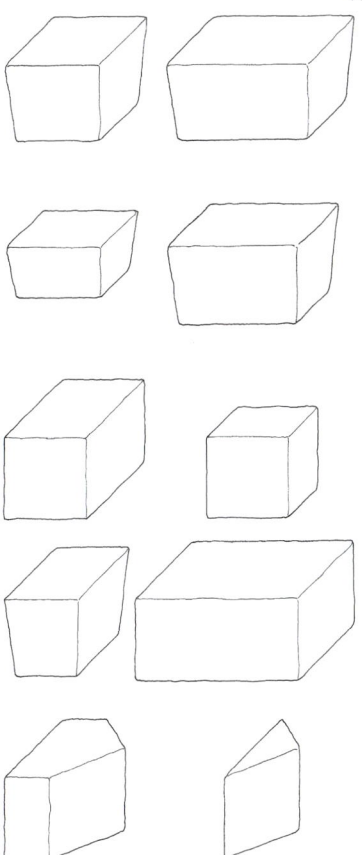

116   Ein Überblick über die Großstein-Pflasterformate: von oben nach unten, von links nach rechts: Würfel, Prismen, Kopfel, Doppelstein, Fünfeck, Dreieck, 5. Klasse, 6. Klasse, 2. und 3. Klasse

* aus »Pflaster für Garten, Hof und Plätze«

** Körnung regional bedingt, teilweise vom Auftraggeber festgelegt, z.B. Landeshauptstadt München: 0/5 mm

Zusammenfassung der Bettungsstärke und Körnungen des Fugenfüllsandes für Natursteinpflaster*

	Großstein	Kleinstein	Mosaik
Stärke der Bettung (gerammt)	max. 5 cm	max. 3 cm	max. 3 cm
Körnung der Bettung	2/5 mm	2/5 mm oder 0/5 mm**	0/3 mm
Körnung des Fugenfüllsandes	2/5 mm	2/5 mm oder 0/5 mm**	0/3 mm
Fugenbreite	max. 10 mm	max. 7 mm	max. 5 mm
Fugendichtung	Fugenvergußmasse	Fugenvergußmasse Bitumenemulsion Traßzement	Romankalk Portlandzement

117 Blaugraues Granit-Mosaiksteinpflaster mit weißem Carrara-Mosaikpflaster

118 Weiß (Carrara-Marmor), Grau (Granit) und Schwarz (Basalt) sind beliebte Farben mit vielseitigen Einsatzmöglichkeiten.

119 Flächendeckendes Grauwacke-Mosaiksteinpflaster, in Passée verlegt. Auffallend sind die vereinzelten Haarrisse, die bei einem nicht frostsicheren Material zu erwarten sind.

Hinweise zu den Gesteinsarten

Gesteinsarten, die nicht in DIN 18502 erwähnt sind, können trotzdem für die Verwendung im Straßen-, Platz- und Wegebau geeignet sein. Nach Bedarf kann ein Prüfzeugnis von einer anerkannten Materialprüfstelle erstellt werden. Die Prüfung erfolgt nach den DIN-Normen, einschlägigen Blättern und Richtlinien. In der Regel werden Verschleißprüfungen, Druckversuche, Wasseraufnahme, Rohdichte und Frost- und Tausalzbeständigkeit geprüft. Gerade Sandstein umfaßt eine breite Gruppe von Gesteinen, die sehr unterschiedliche Qualitäten aufweisen. Einige sind als Pflastermaterial geeignet, manche werden seit Jahrhunderten zur Straßen- und Platzbefestigung verwendet. Die Steingrößen richten sich nach den Normen. Zum Ausschluß der Frostsprengung müssen die Sandsteine, wenn sie abgebaut sind, durchgetrocknet werden. Ein Vorgang, der je nach Witterungsbedingungen 3 bis 6 Wochen dauert; durch künstliches Trocknen kann er beschleunigt werden.

Materialschau

Um die Farbgebung der Steine besser darzustellen, wurden sie im feuchten Zustand im Studio fotografiert. Alle Pflastersteine (mit Ausnahme von Carrara-Marmor) wirken nach der Verlegung im Tageslicht dunkler und staubiger. Wie bei allen Naturprodukten sind Farbunterschiede und Abweichungen normal. So sind die Abbildungen als Anhaltspunkt zu sehen und zeigen nur einen Ausschnitt der angebotenen Ware.

Granit

Alle Granite sind als Groß-, Klein- und Mosaiksteinpflaster neu und gebraucht erhältlich. Die Farbskala reicht von Beige/Weiß, Dunkelrot, Gelb, Grau (mit allen Zwischenschattierungen) bis Anthrazit. Je ausgefallener die Farbe, desto teurer der Stein. Die Körnung des Gesteins spielt eine entscheidende Rolle, es wird zwischen fein-, mittel- und grobkörnigem Material unterschieden.

123 Granit, hellgrau, Herkunft Bayerischer Wald

120 Granit, anthrazit, feinkörnig, Herkunft Bayerischer Wald

124 Granit, rot-braun/gotenrot oder imperialrot, mittelkörnig, Herkunft Schweden

121 Granit, dunkelblau, feinkörnig, Herkunft Bayerischer Wald

125 Granit, rot/braun, bei Nässe orange, Herkunft Schwarzwald

122 Granit, mittelgrau, Herkunft Bayerischer Wald

126 Links Granit, gelb mit hellgrauem Streifen, mittelkörnig, Herkunft Bayerischer Wald. Speziell bei gelbem Granit sind Farbabweichungen üblich, da gelber Granit nur als schmales Band vorkommt, können auch zweifarbige Pflastersteine mitgeliefert werden. Dieser Stein ist eine Ausnahme, denn in der Regel sind die Steine, wie rechts abgebildet, eindeutig gelb-braun.

127

127 **Diorit**
Öfters als Granit angeboten. Hier ein
gebrauchter grünlicher Großstein-
Halbstein.

128

Porphyr
In allen Größen erhältlich, von 4–6 bis
14–18 cm. Wegen der Frostempfindlich-
keit unbedingt beim Kauf einen Nachweis
über die Frostbeständigkeit anfordern.
Die Farben reichen von tiefem Violett
über Rot bis hin zu Grün. Eine Haupt-
quelle für Porphyr ist Norditalien.

128   Porphyr, graubunt

131   Porphyr, violabunt

129   Porphyr, braunbunt, mit
Eisenablagerungen an der Oberfläche

131

129

130

130 **Basalt**
Ein dichter, feinkörniger Stein. Ist als
Groß-, Klein- und Mosaiksteinpflaster
gebraucht und neu erhältlich.

132 **Andesit**
Eine gute Alternative zum Basalt, von
hellgrau bis schwarzgrau erhältlich

132

Sandstein

Je nach Herkunft als Groß-, Klein- und Mosaiksteinpflaster lieferbar. In allen möglichen Farbnuancen erhältlich, wobei auch hier auf die Frostbeständigkeit zu achten ist. Die abgebildeten heimischen Steine können grundsätzlich Verwendung finden.

136   Hellbrauner Ruhrsandstein

133   Dicht rot-purpurner Karlshafer Weserhartsandstein

137   Graubunter Trendelburger, Weserhartsandstein

134   Rotbräunlich-oranger Kirtschevit aus Bulgarien

138   Gelber Sandstein, Tschechische Republik

135   Grauwacke
Erhältlich als Klein- und Mosaiksteinpflaster. Bekannt als creme-beige-hellbraunes Material, ist hier die grüne, frosthärtere Version abgebildet. Grauwacke hat ähnliche Probleme mit der Frostbeständigkeit wie Porphyr und kann nicht in allen Gebieten bedenkenlos eingesetzt werden.

139   Kalkstein
Mosaikstein-Pflasterformat, meist als Zierstein in Ornamentpflasterung. Hier ein creme/beiger Bernsteiner Kalkstein. Es gibt auch frostbeständigen Kalkstein in beige-bräunlicher Farbe.

143 **Marmor.** Selten flächendeckend verlegt, wird Marmor häufig als Zierstreifen oder als Einzelstein zur Belebung einer Fläche eingesetzt. Oben rechts der bekannte, reinweiße Carrara-Marmor, auch lieferbar wie unten links abgebildet, weiß mit Adern, mit Sägefläche nach oben. Zusätzlich ist ausgefallenes Material (eingeschränkt einsetzbar und sehr problematisch im Freien) erhältlich, unten rechts gerundeter Giallo-Marmor, oben Mitte Rosso-Marmor, beide mit sehr empfindlichen Kanten. Unten Mitte gesägter, weißbunter und oben links blauer Kristallmarmor. In Klein- und Mosaiksteingrößen erhältlich (125).

140 Weitere Ornamentpflastersteine, die nur als Klein- oder Mosaiksteine erhältlich sind:
Quarzit, hellgrün gesägt. Die Verlegung muß mit der Spaltfläche nach oben erfolgen. Die Steine haben zwei Sägeflächen und zwei natürliche Spalt- und zwei gebrochene Flächen.

141 Paragneis, graugrün glänzend, einfach nach dem Abbaugebiet in Italien **Beola** genannt.

142 Der Einbau von **Wackersteinen,** gespaltenen Kieselsteinen, erfolgt wie beim Großstein-Pflaster. Nicht nur für die Instandsetzung von altem Wackerpflaster geeignet, kann neu angebotener Rhein Wackerstein in Großstein-Pflasterformat +(10/15 cm)auch im Privatgarten Anwendung finden.

Der Pflastervorgang

Ausführung: Max Ziegler, Straßen- und Pflasterbau GmbH, Unterhaching bei München

Erst wenn alle vorbereitenden Maßnahmen erfolgt sind, kann mit dem Pflastern begonnen werden. Diese letzte Tragschicht erfordert eine hohe Geschicklichkeit und die Fähigkeit, regelmäßig und konstant zu arbeiten.

Egal welche Verlegeart gepflastert wird, es gelten die gleichen Arbeitsschritte, lediglich die Anordnung der Pflastersteine ist anders.

◼ In dem glattgezogenen Sand- oder Splittbett werden die Steine eingebettet: für Mosaik- und Kleinsteinpflaster 3 cm stark, für Großsteinpflaster 5 cm stark (Bild 144).

◼ Der Pflasterer arbeitet rückwärts, die fertig verlegten Flächen entfalten sich vor ihm. Sitzend auf seinem Schemel oder kniend, ist sein Arbeitsbereich durch die Fluchtschnüre, die auch die Höhe der Steine festlegen, begrenzt (Bild 145).

Je besser die Vorbereitung, um so zügiger kann der Pflasterer arbeiten. Die Steine liegen in einem lang gezogenen Haufen hinter ihm. Jetzt ist der Wert von genormtem Material klar, denn bis auf wenige Steine finden alle ihren Platz in dem Muster.

◼ Der Pflasterer greift nach hinten für einen Stein, bereits in der Hand, fühlt er, wo der Stein angesetzt wird. Für den Laien stellt dies den schwierigsten Teil der Arbeit dar: den richtigen Stein an den passenden Platz zu setzen und eine Fläche mit gleichmäßigen Fugen zu bilden.

◼ Aus den Bildern ist erkennbar, daß der Pflasterer nicht wie in einer Perlenkette vom Anfang einer Reihe bis zum Schluß arbeitet, sondern die Steine an den Enden setzt und so der Mitte zu arbeitet. Wer mehrere Pflasterer beobachtet, stellt fest, daß alle ihre eigene Verlegehandschrift haben (Bild 146).

◼ Beim Setzen der Steine selber wird ein Loch mit dem Schaufelteil des Pflastererhammers gemacht (Bild 147), der Stein gesetzt und mit dem Hammerteil festgeklopft (Bild

147

148

148). Die Steine werden bis mindestens $^2/_3$ ihrer Höhe in Kies oder Sand gebettet. Jeder Stein muß »hammerfest« sitzen. Hier ist zu beachten, daß die Steine alle mit der gleichen Stärke geklopft werden.

■ Um Stabilität und Halt des Pflasters zu gewährleisten, wird die frisch verlegte Fläche nach der Tagesarbeit oder bei großen Flächen bereits nach Ausführung eines großen Abschnitts eingesandet (Bild 150). Entsprechend dem Bettungsmaterial wird Sand oder Splitt gestreut, mit einem Besen eingefegt und mit Wasser geschwemmt. Die Sandkörner füllen die Fugen, und die Steine sitzen dadurch noch fester (Bild 149).

■ Erst wenn die gesamte Fläche verlegt, eingesandet und gründlich besprengt ist, werden die Flächen möglichst bei trockenem Wetter verdichtet und auf ihre endgültige Höhe, 1 cm tiefer als gepflastert, gebracht. Früher wurde per Hand gerammt, mit einem mindestens 30 kg schweren Handrammer oder Stößel. Heute erfolgt die Arbeit mit einer Maschine. Es ist nicht zulässig, das Pflaster zu walzen. Die Höhe wird mit einer 4 m langen Latte überprüft.

149

■ Nach dem Rammen wird das Pflaster nochmals eingesandet und mit Wasser geschwemmt, bis die Fugen völlig satt sind. Der Sand muß auf der frischen Fläche liegen bleiben. Diese soll auf keinen Fall gesäubert werden, da dabei nicht nur Restsand, sondern auch Fugenmaterial verschwindet. Nach einer Woche kann Restsand mit einem Besen weggekehrt werden. Keinesfalls Kehrmaschinen einsetzen! Die Steine sitzen fest, sind miteinander verzahnt und können nicht entfernt werden. Die Fläche ist jetzt frei begeh- und befahrbar.

■ Bei manchen Pflasterflächen kann es notwendig sein, nach zwei Wochen nachzusanden. Auch Flächen, die gewöhnlich maschinell gesäubert werden, müssen regelmäßig nachgesandet werden.

150

Segmentbogenpflaster

Segmentbogenpflaster, das klassische Straßenpflaster, ist häufig in Wohngegenden aus der Jahrhundertwende und in zeitgenössischen Fußgängerzonen zu finden. Wegen der Verzahnung der Segmentbögen entsteht eine ausgesprochen belastbare und stabile Fläche. In der Regel in Kleinsteinpflaster ausgeführt, ist die schmückende Wirkung dieser Pflasterung das Ergebnis einer rein geometrischen Konstruktion. Die sich wiederholenden Bögen geben den Ton an, die Lösung von Richtungswechsel, Hoch- und Tiefpunkten erhebt das Segmentbogenpflaster zur Kunst am Boden. Als Hommage an Friedrich Wilhelm Noll, Hofpflasterer und durch seine vielen Veröffentlichungen um die Jahrhundertwende zum Hohepriester des Segmentbogenpflasters ernannt, sind vermehrt Pflasterungen mit eingearbeiteten Ornamenten anzutreffen. Einzelne Segmentbögen sind mit einer sich abhebenden Kleingesteinsart gepflastert, ganz im Sinne von Nolls Mustertafeln. Oft wird das Hauptanliegen Nolls, die handwerklichen Anforderungen einer perfekten Ausführung des Segmentbogenpflasters, zugunsten des Dekors in den Hintergrund gerückt: Angefangen bei der Materialauswahl über die Einteilung der Verlegeart, bis hin zu der Pflasterung selber, erkennbar durch regelmäßige Bögen in korrekter Stichhöhe, die stets mit einem halben Bogen seitlich anschließen. Nolls Regeln sind maßgebend für die Ausführung von Segmentbogenpflaster. Aus der Praxis erarbeitet, sind sie für jeden Pflastermeister eine Selbstverständlichkeit. In vereinfachter Form und ohne Wertigkeit lauten die wesentlichen Punkte:

151

152

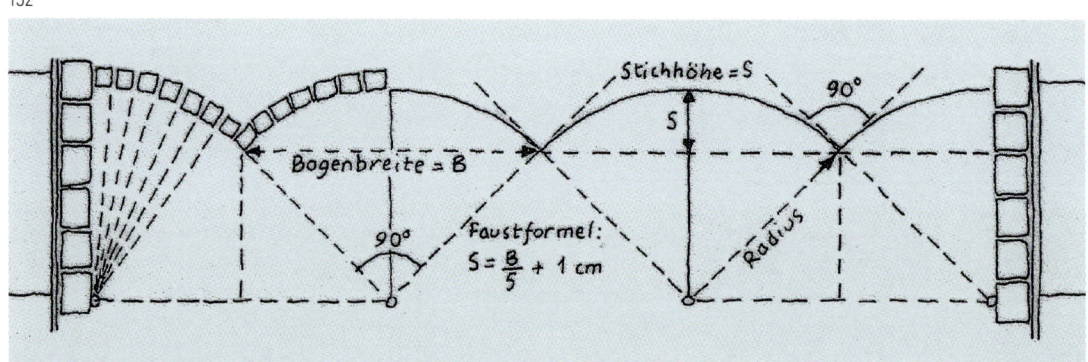

153

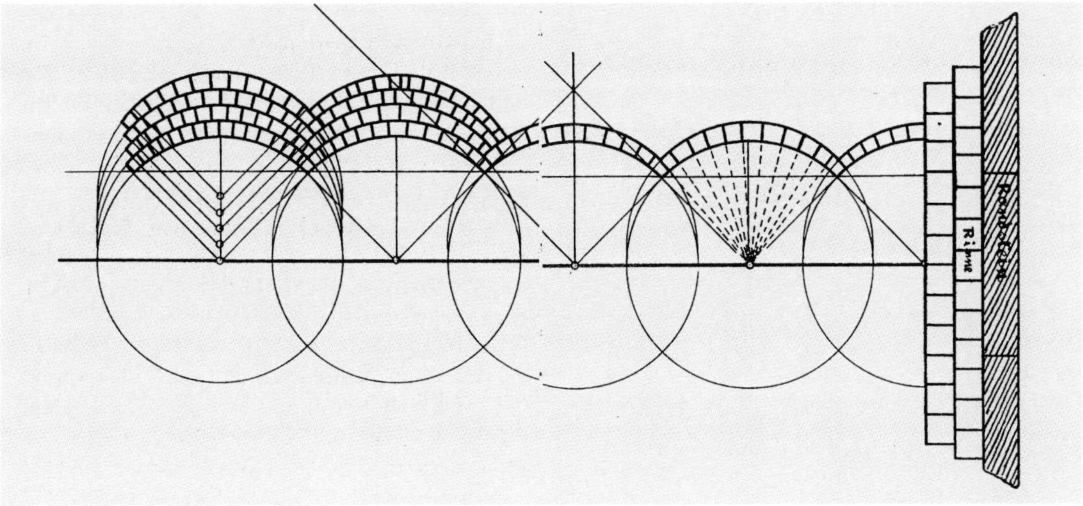

154

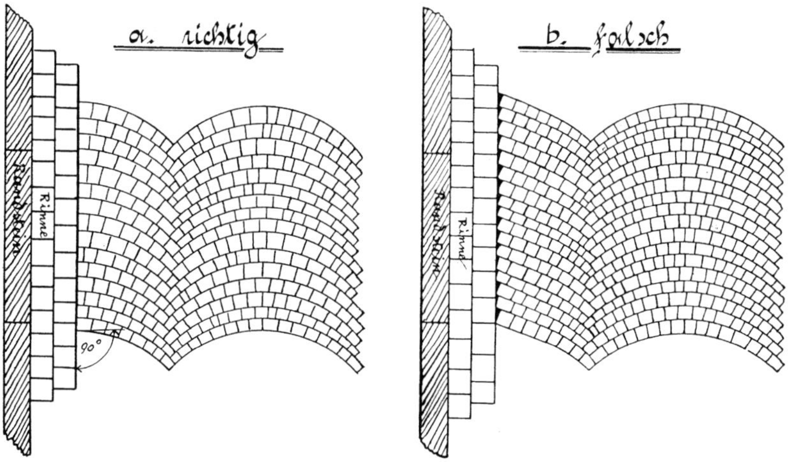

155

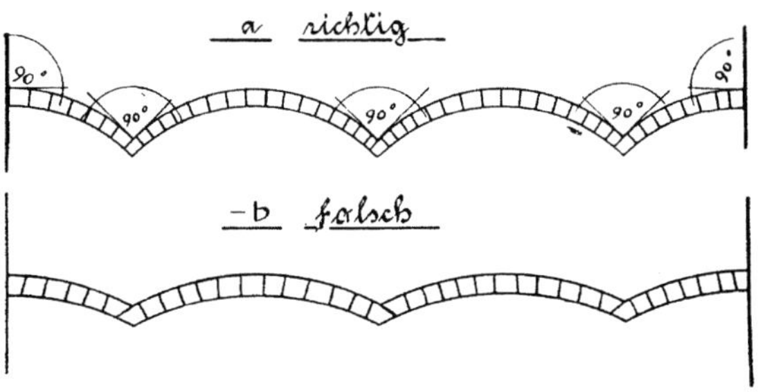

151 Eine ungewöhnliche, aber durchaus beispielhafte Variante des Segmentbogenpflasters, das sogenannte »Harlekin«-Ornament. Hier verlegt mit 7/9 schottischem und portugiesischem Kleinstein über eine Fläche von 1000 m² in South Queensferry, Schottland; geplant von Paul Hogarth Associates, ausgeführt von Lilley Construction.

152 Das Konstruktionsprinzip des Segmentbogens. Klar ersichtlich ist die Form des Kreises, das Grundelement der Verlegungsart. Die Bogenbreite richtet sich nach der Steingröße und der Breite von Straße oder Platz.

153 Nolls Grundkonstruktionszeichnung für Segmentbogenpflaster aus seinem Buch »Zur Vervollkommnung des Kleinpflasters«

154, 155
Nolls Zeichnungen verdeutlichen die richtige Art, Anschlüsse auszuführen. Rechts die Abwicklung über eine Straße, links der seitliche Anschluß an einen Randstein.

156

157

■ Restflächen wie kleine Ecken und Spitzen nie mit kleinen Steinchen pflastern. Trapezförmige Steine (nach Bedarf nachgearbeitet, mit passenden Spitzen) schließen die Fläche, bieten einen besseren Halt und Verzahnung als kleinere und mittelgroße Steine.

■ Beim Richtungswechsel, beim Hoch- und Tiefpunkt soll man die Bögen aus entgegengesetzten Richtungen zusammenstoßen lassen. Restflächen auspflastern. Die Bögen beider Richtungen müssen symmetrisch sein.

■ Leitzeile beidseits der zu pflasternden Fläche in Bogenrichtung verlegen.

■ Zusammenstoßende Bögen müssen einen 90°-Winkel bilden.

■ Um Zwickel zu vermeiden, immer mit einem halben Bogen im 90°-Winkel an die Leitzeile anschließen.

■ Bogenbreite nach Kleinsteingröße errechnen, Anzahl der Bögen mit der Straßenbreite überprüfen. Es muß sich eine runde Anzahl Bögen ergeben. Unter den verschiedenen Kleinsteinpflastergrößen ist es wichtig, die richtigen für die vorgesehene Gestaltung auszusuchen.

Der Segmentbogen wird nach folgender Faustformel berechnet

* nach Fachkunde für Straßenbauer, München, 1989

$$S \text{ (Stichhöhe)} = \frac{B \text{ (Bogenbreite)} + 1 \text{ cm}}{5}$$

Steingröße in cm	Bogenbreite	Stichhöhe	Bogenradius*
6/8 und 7/9	0,80 – 1,20 m	17 – 25 cm	0,57 – 0,85 m
8/10 und 9/11	1,10 – 1,50 m	23 – 31 cm	0,78 – 1,06 m
10/12	1,40 – 2,00 m	29 – 41 cm	0,99 – 1,41 m

Weitere brauchbare Formeln zur Feststellung der Stichhöhe und des Bogenradius sind:
Radius – 1/2 Bogenbreite = Stichhöhe des Bogens
1/2 Bogenbreite x 1,41 = Bogenradius

Segmentbogenpflaster kann auch mit Mosaiksteinpflaster verlegt werden; bedingt durch die Steingröße ist die Belastung der Fläche beschränkt.

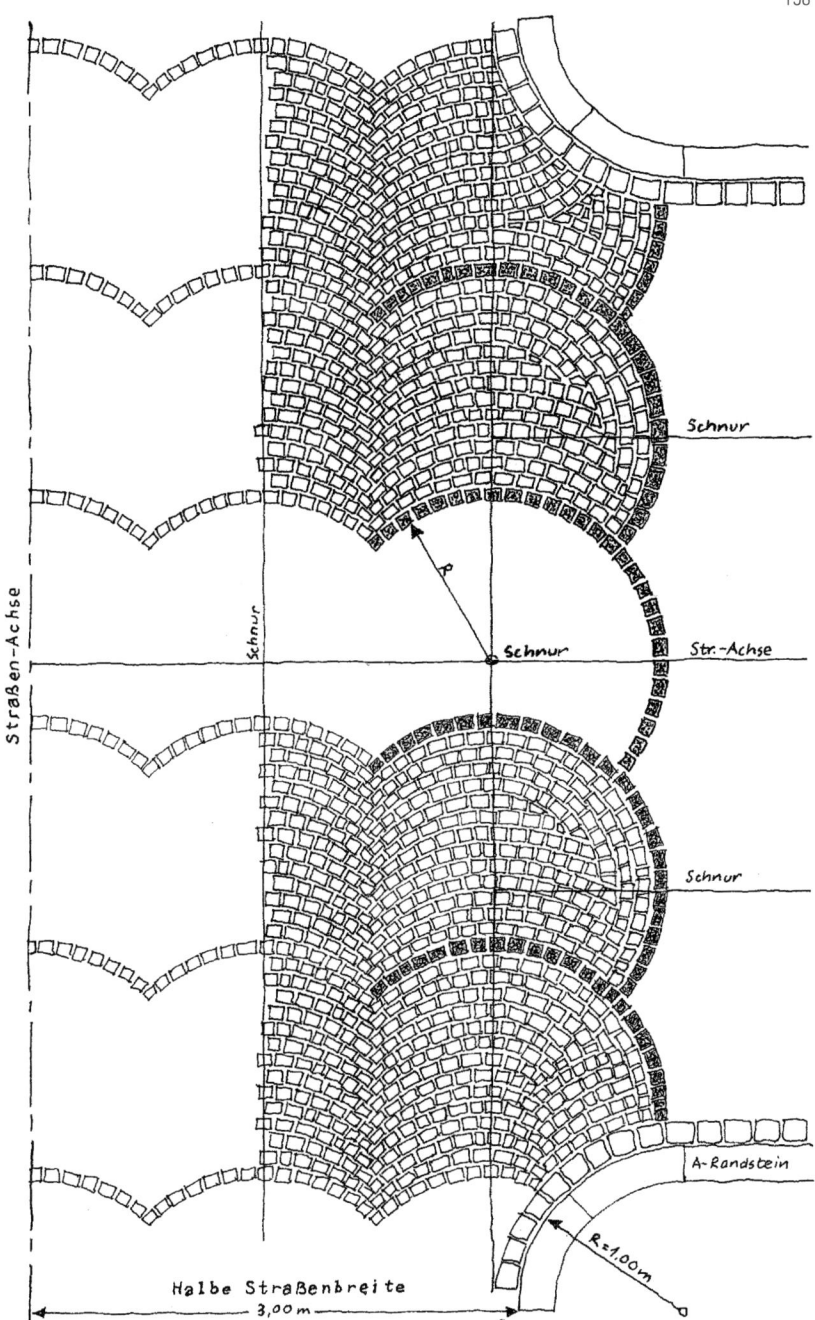

Straßen-Achse

Schnur

Schnur

Str.-Achse

R

Schnur

Schnur

A-Randstein

R=1,00m

Halbe Straßenbreite
3,00 m

156, 157 Richtungswechsel
bei einer Straßenabzweigung
wird mit Hufeisen (auch
Dreiviertelkreis genannt) ausgeführt. Die Segmentbögen
drehen sich mit dem Kreis.
Die Aufnahmen zeigen von
oben gesehen und im Detail
das Pflaster vor dem
Verfugen. Ausführung David
Knight von Alba Stone Ltd.

158 Nicht nur die Kon-
struktion des Hufeisens, sondern auch die eines Schnurgerüsts, ist aus der Zeichnung
ersichtlich. Bei allen
Pflasterarbeiten ist es unbedingt notwendig, daß die
Mitte gekennzeichnet ist, um
die Symmetrie einzuhalten.
(Nach »Fachkunde für
Straßenbauer«)

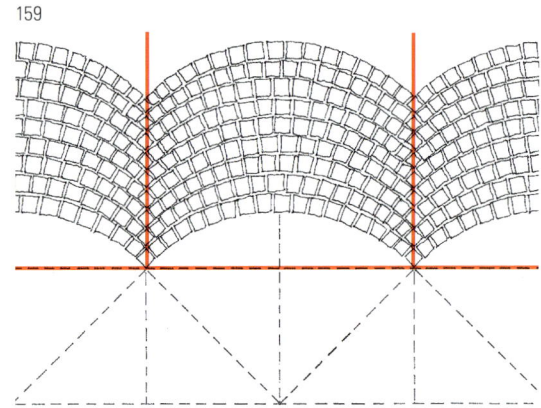

Verlegeanleitungen für Segmentbogenpflaster

Material: Granit, Kleinsteinpflaster 8/11.
Stückzahl pro Tonne: 540.
Bedarf pro m²: ca. 110 Stück.
Bettung: Splitt, Körnung 2–5 mm, 3 cm stark.
Ausführung: Pflasterklasse der Bauinnung München, im Rahmen der überbetrieblichen Lehrlingsausbildung zum Straßenbauer.

160

162

161

163

Arbeitsablauf

1. Schnurgerüst im rechten Winkel zum Bogenverlauf aufbauen; jeweils durch die Mitte des Bogens und am Anfang und Ende der zu pflasternden Fläche. Stichhöhe des Bogens messen und Lehrstein setzen (Bild 159).

2. Erste Bögen, sogenannte Ansatzbögen, von der Basislinie auspflastern (siehe auch »Der Pflastervorgang«, Seite 77) (Bild 160).

3. Höhe der Steine mit einer Setzlatte überprüfen (Bild 161).

4. Anschließend Bogen pflastern bis zum Mittelpunkt (Bild 162).

5. Ungeübte müssen die Steine für den Bogenansatz aussuchen, zwei gleichgroße trapezförmige Steine nach Bedarf zuschlagen und setzen (Bild 163) (siehe auch Tips zur Ausführung).

6. Bögen Reihe für Reihe auspflastern, Höhenverlauf regelmäßig überprüfen (Bild 164).

7. Freiraum beim Ansatzsegmentbogen auspflastern. Dieser Arbeitsschritt soll durchgeführt werden, wenn mindestens fünf Reihen Segmentbögen gepflastert sind, um eventuelle Verschiebungen und Unebenheiten zu vermeiden. Versierte Pflasterer würden diesen Schritt gleich zu Anfang ausführen (Bild 165).

8. Die Fertigstellung der Fläche nach Verlegung des Pflasters mit Einsanden, Einkehren und Verdichten erfolgt sinngemäß wie für alle Pflasterflächen.

164

165

159 Schemaskizze: Aufbau eines Schnurgerüsts für die Ausführung von Segmentbogenpflaster unter Verwendung von 8/10 cm Kleinsteinpflaster. Maßstab 1 : 20

$$S \ (30 \ cm) = \frac{B \ (145) + 1}{5}$$

Schuppenbogenpflaster

Von allen Verlegungsarten bietet Schuppenpflaster die größtmöglichen Variationen in der Dekoration, angefangen von »puren« Schuppen bis hin zu kontrastreicher Ornamentik. Zur Wahl stehen je nach Ansatzpunkt der Schuppe zwei Grundtypen der Verlegungsart:
Mittiger Ausgangspunkt für eine platzartige Wirkung. Dieser Schuppenpflastertyp spaltet sich weiter in zwei Gruppen auf:
1. Die Schuppen entfalten sich spiegelbildlich in beiden Richtungen aus mehreren, gleichgroßen, nebeneinanderliegenden Kreisen, aufgereiht in der Mitte der Pflasterfläche.
2. Hier ist der Mittelpunkt ein Kreis, von dem aus sich Hufeisen in jeder der vier Diagonalen entfalten; dazwischen sind die Schuppen verlegt. Bei beiden Variationen hängen der Kreisradius und die Anzahl der Kreise von der Stein- und Platzgröße ab.
Seitlicher Ausgangspunkt für eine flächenhafte Wirkung. Die Schuppen entfalten sich von der Basislinie aus, zuerst als gleichgroße Halbkreise, danach als volle Schuppe.
Die Regeln zur Berechnung und Aufbau der Schuppen gelten für alle Formen von Schuppenpflaster.
Anwendung: Geeignet für quadratische oder rechteckige Flächen, Plätze, Terrassen und Garagenvorplätze. Nur wenn die Fläche in ihrer vollen Größe (vor allem von oben) betrachtet wird, ist die Pflasterung mit Ornamentik zu bereichern. Beide, Klein- und Mosaiksteinpflaster, eignen sich für diese Verlegungsart. Ohne Frage stellt Schuppenpflaster die höchsten Anforderungen an das handwerkliche Können.

Tips zur Gestaltung

■ Skizze mit Variationen in der Ornamentik erarbeiten, gegebenenfalls farbig anlegen.
■ Kreisdurchmesser genau berechnen, auf die Fläche aufteilen, Rest- und Anschlußflächen in einer anderen neutralen Pflasterart verlegen.
■ Schuppenfläche mit mindestens einer Pflasterreihe einfassen.
■ Gesteinsart sorgfältig auswählen. Keine dezenten Ton-in-Ton-Farbabstufungen aussuchen.
■ Anschlußflächen mit einbeziehen.

Tips zur Ausführung

■ Anzahl der Schuppen überprüfen, entweder absichtlich auslaufen lassen oder mit einer vollen oder halben Schuppe enden.
■ Fläche sorgfältig mit Schnurgerüst ausstecken.
■ Stets Steine einer Pflastergröße verwenden.
■ Die Schuppen müssen sich in einer Linie hintereinander aufbauen.
■ Einfassung fachgerecht ausführen, vor der Pflasterung.
■ Durchmesser und Stichhöhe des Bogens überprüfen. Je größer der Pflasterstein, desto breiter der Bogen.

Steingröße	Bogenbreite
7/9	190 – 210 cm
5/7	120 – 140 cm
4/6	100 – 130 cm
3/5	80 – 110 cm

166–170
Aus den vielen Variationen
des Schuppenornaments: 169
dicke Lilien, 170 dünne Lilien,
auch Florentina genannt;
166 Karoansatzpunkt bis hin
zu Kieselschuppen – in eleganter und rustikaler Ausführung (Bild 167 und 168)

171 Die Mitte als Kreis, mit Hufeisen aufgebaut in der Diagonalen, dazwischen die Schuppen

172 Mehrere nebeneinanderliegende Kreise, die Schuppen entfalten sich spiegelbildlich in beiden Richtungen.

173 Bei einem seitlichen Ausgangspunkt werden die Schuppen von der Basislinie aufgebaut.

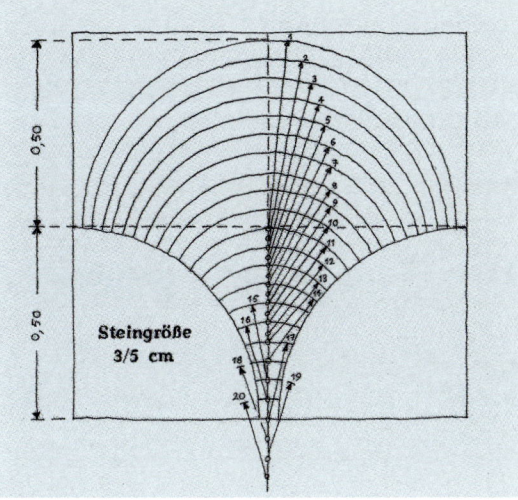

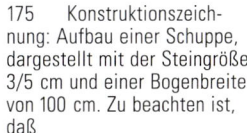

Variationen im Ornament

Die Verlegeart ist an sich schmückend, so daß zusätzliches Ornament nicht unbedingt erforderlich ist. Steigerungen sind in der Mitte, am Rand in Form einer Bordüre oder als flächendeckende, grafische Überlagerung zu integrieren.

■ Die Farbpalette auf drei Farben beschränken, wobei zwei kontrastreiche Farben am besten wirken.

■ Mittelpunkt des Kreises und/oder Ansatzpunkt der Schuppe mit einem gleichgroßen oder andersfarbigen Stein hervorheben.

■ Die äußere Reihe in einer anderen Gesteinsart pflastern, sogenanntes Lilienmuster.

■ Mehrere Reihen (3 oder 5) in einer anderen Gesteinsart pflastern.

176

175 Konstruktionszeichnung: Aufbau einer Schuppe, dargestellt mit der Steingröße 3/5 cm und einer Bogenbreite von 100 cm. Zu beachten ist, daß

■ die Bögen nach oben hin zunehmend flacher werden,

■ die passenden Steine für den Ansatzpunkt ausgesucht werden.

Die unteren drei Reihen sind nur zur Verdeutlichung des Schuppenaufbaus dargestellt. Sie werden nur bei Mustern wie im Bild 169 durchgepflastert.

176 Konstruktion einer Halbschuppen-Bordüre. Die Breite der Bordüre ist von der Steingröße bestimmt.

177 Konstruktion einer Vollschuppen-Bordüre

174

174 Eckanschluß an der Basislinie. Wiederum taucht der Kreis als Konstruktionselement auf, hier in Form eines Viertelkreises.

Verlegeanleitungen für Schuppenbogenpflaster mit mittigem Ausgangspunkt

Material: Granit, Mosaiksteinpflaster, Carrara-Marmor, Mosaikpflaster 6/8; kann durch anderes, aber gleichgroßes Material ersetzt werden.
Bettung: 3 cm stark; je nach örtlichen Vorkommen Splitt, Kies 2–5 mm, Körnung oder Sand 0–5 mm (Körnung frei von lehmigen Teilen).
Ausführung: Pflasterklasse der Bauinnung München, im Rahmen der überbetrieblichen Lehrlingsausbildung zum Straßenbauer. Hoher Schwierigkeitsgrad.
Besonderheit: Sogenannte Lilienmuster.

178

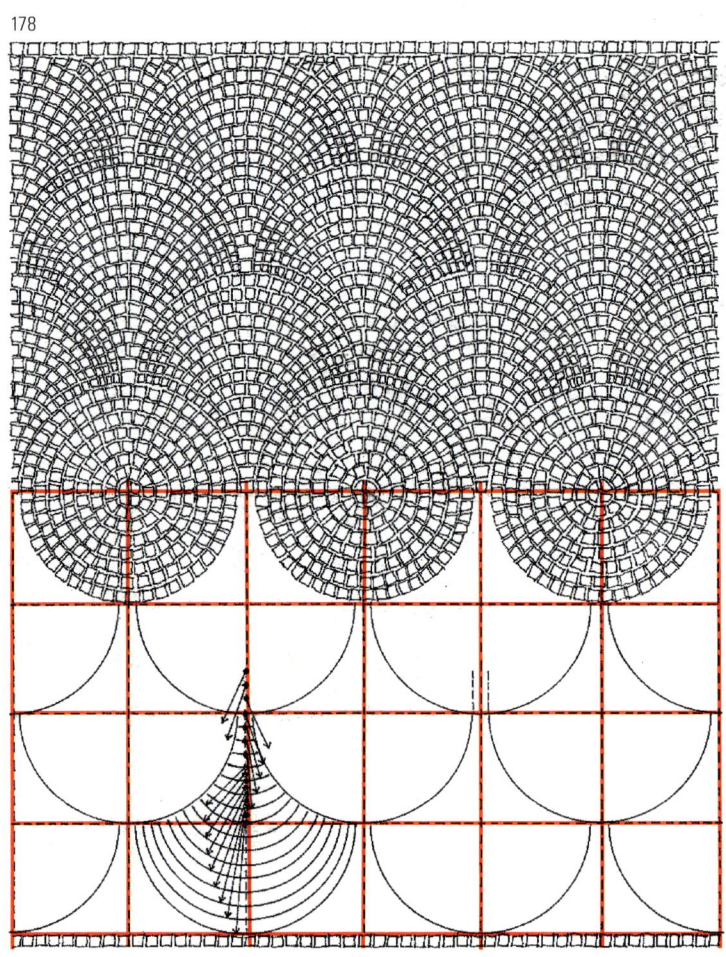

178   Schemaskizze: Aufbau des Schnurgerüsts für die Verlegung von Mosaiksteinpflaster 3/5 cm in Schuppenbogen mit mittigem Ausgangspunkt. Maßstab 1:20. Die Fläche wird mit einer Steinreihe eingerahmt. Das Schuppenbogenende nur durchziehen, wenn eine zusätzliche Ornamentwirkung wie in Bild 169 gewünscht ist.

Tip zur Ausführung

■ Bei einer farbigen Ausführung sollten Schablonen entsprechend der Bogenbreite vom Pflasterer geschnitten werden. Nachdem die äußere Reihe gepflastert ist, kann die Schablone entfernt und innen ausgepflastert werden.

Arbeitsablauf

1. Zu pflasternde Fläche mit Schnüren in Quadraten entsprechend der Radien der Kreise auslegen (Bild 178).

2. Mittelpunkt des Kreises festlegen und mit Lehrstein markieren. Während die Schnüre im rechten Winkel fest sind, wird eine bewegliche Schnur am Mittelpunkt befestigt, um den Radius zu überprüfen. Äußere Steinreihe verlegen (Bilder 179 und 180).

3. Lehrstein am Mittelpunkt entfernen. Vier gleichgroße Dreiecke sorgfältig um den Mittelpunkt des Kreises verlegen (Bilder 181 und 182).

4. Ersten Ring von Pflastersteinen unter Verwendung von leicht trichterförmigen Steinen pflastern. Auf Paßstücke achten, im Idealfall sollten alle Steine von ähnlicher Größe sein (Bilder 183 und 184).

5. Kreis auspflastern, nach dem zweiten Pflasterring kann jeweils im Viertelkreis ausgepflastert werden. Hier ist es zweckmäßig, vorher einzelne Steine entlang dem Radius aufzusetzen, um die Anzahl der Reihen gleichmäßig einzuhalten (Bild 185).

6. Nach Fertigstellung des Kreises Schnüre für erste Schuppe überprüfen. Der Mittelpunkt ist gleich der Mitte des Scheitelpunktes zwischen zwei nebeneinanderliegenden Kreisen (siehe Konstruktionsskizze, Bild 178). Hier wird er mit einem Eisenpflock markiert (Bild 186).

7. Lehrstein in die Mitte des Scheitels setzen. Dieser Punkt ist gleichzeitig Mittelpunkt des daraufgesetzten Halbkreises (Bild 187).

8. Pflasterstein setzen, Abstand von der Schnur ein halber Stein links und rechts von der Schnur, so daß eine Steinbreite übrigbleibt (Bild 188).

9. Einen Viertelbogen pflastern, anschließend vollen Halbkreis pflastern. Prüfen Sie den Radius regelmäßig mit der beweglichen Schnur (Bilder 189 und 190).

183

184

185

186

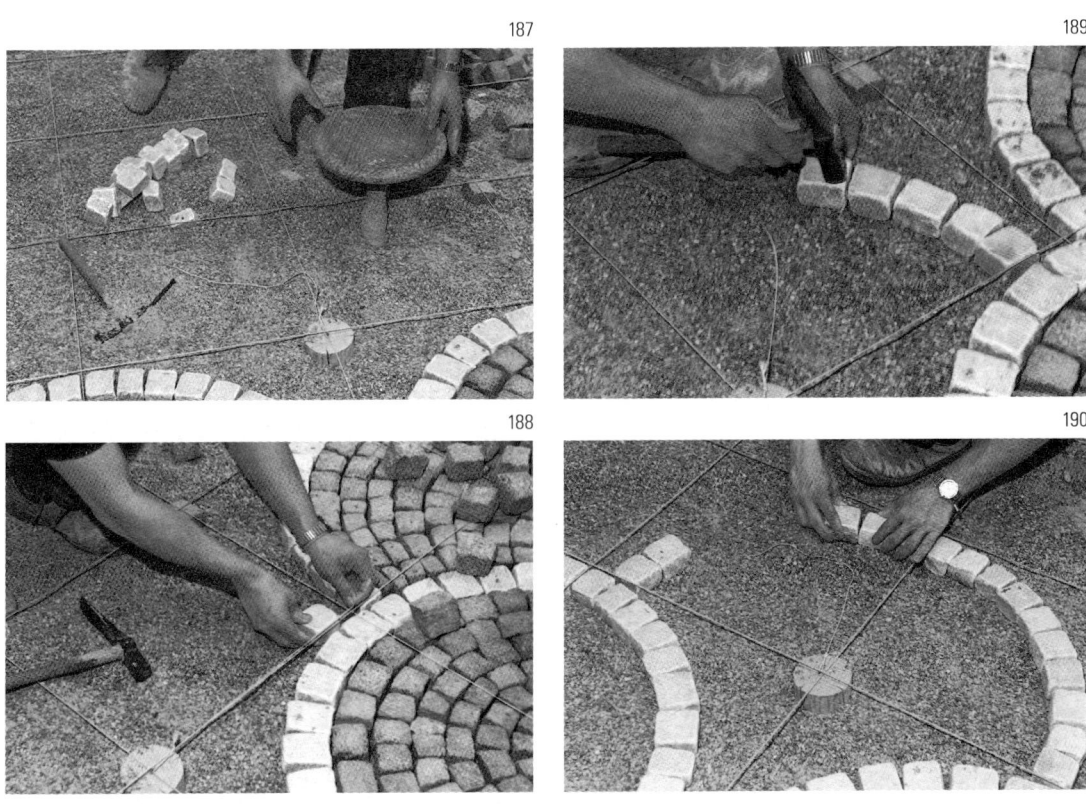

187

189

188

190

191

10. Schuppen auspflastern: Anfangen an der Spitze. Entlang der Stichhöhe Pflastersteine rechts und links setzen. Sie dienen als wichtiges Hilfsmittel, die restliche Fläche gleichmäßig und formgetreu zu pflastern (Bild 191).

11. Reihe für Reihe in immer größer werdenden Halbkreisen pflastern. Die äußere Reihe folgt den Konturen des angrenzenden Viertelkreises (Bild 194).

12. Höhe der Pflasterfläche mit einer Setzlatte regelmäßig prüfen (Bild 192).

13. Setzlatte drehen und Fläche klopfen. Nie direkt ohne Zwischenlager auf die Steine klopfen, wenn sie bereits im Verband »sitzen« (Bild 193).

14. Schuppen in einer Richtung auspflastern. Andere Hälfte der Fläche spiegelbildlich fertigstellen.

15. Gepflasterte Fläche fachgerecht einsanden, einkehren, einschlämmen und verdichten.

192

193

Verlegeanleitungen für Schuppenbogenpflaster mit mittigem Ausgangspunkt **95**

Tips zur Ausführung

■ In diesem Beispiel ist lediglich die Bogenbreite mit Schnüren gekennzeichnet, da weitere im rechten Winkel laufende Schnüre den engen Arbeitsraum einschränken würden. Der erfahrene Pflasterer kann auch mit wenigen Hilfslinien arbeiten.

■ Die Kellerdecke darf nicht beschädigt werden. Schnüre vorsichtig befestigen, wie im Bild dargestellt.

■ Scheitelhöhe des Schuppenbogens regelmäßig mit einer gespannten Schnur überprüfen.

■ Bei größeren Flächen jeweils aus der Ecke der Mitte zu arbeiten (Bild 196).

Verlegeanleitungen für Schuppenbogenpflaster mit seitlichem Ausgangspunkt

Material: Granit, Mosaiksteinpflaster, Carrara-Marmor, Mosaiksteinpflaster als einzeilige Einfassung zum Schuppenbogenfeld.
Bettung: 3 cm stark, je nach örtlichem Vorkommen Splitt, Kies 2–5 mm Körnung oder Sand 0–5 mm Körnung, frei von lehmigen Teilen.
Besonderheit: Pflastern auf einer Kellerdecke; wegen geringer Aufbauhöhe konnte nur Mosaiksteinpflaster verlegt werden. Hoher Schwierigkeitsgrad.
Ausführung: Max Fischer GmbH, Straßen- und Pflasterbau, München.

195

196

197

198

199

Arbeitsablauf

1. Splittbett fachgerecht auftragen und planieren.

2. Marmoreinfassungszeile setzen, parallel dazu eine neutrale Reihe Pflaster setzen. Eine Marmorzeile ist nicht unbedingt erforderlich, die Abstandsreihe ist aber notwendig.

3. Randpflasterung am Gebäude ausführen (siehe Seite 104, Verlegung von Restflächen).

4. Von der Basislinie an einer Seite aus Halbkreis aufbauen (Bilder 195 und 197).

5. Schuppen aus dem Halbkreis heraus pflastern (siehe hierzu die Verlegeanleitungen für Schuppenbogenpflaster, Arbeitsschritte 6 – 12) (Bilder 196 und 198).

6. Am Ende des Tagespensums werden die verlegten Flächen eingesandet (Bild 199). Wichtig ist die Einbindung von Gullys, Schächten und dergleichen in die Fläche mit einer einzelnen Pflasterzeile. Ihre Ausführung erfolgt vor den Schuppen, wie im Bild ersichtlich.

7. Fertig gepflasterte Flächen einsanden, einkehren, einschlämmen und verdichten.

Reihenpflaster

Als erste erkennbare Verlegungsart entstand das Reihenpflaster aus dem geordneten Chaos des Wildpflasters. Die Vielfalt von Großsteinpflastertypen wurde für das Reihenpflaster und dessen Verwandte wie das Diagonalpflaster entwickelt. Während Großsteinpflaster völlig ungeeignet ist für Segment- und Schuppenbogenpflaster, entsprechen sowohl das Format wie auch die Größe den Voraussetzungen für ein stabiles, belastbares Reihenpflaster. Es schließt aber nicht aus, daß Mosaik- und Kleinpflastersteine in Reihen gepflastert werden können. Bedingt durch die geringe Verzahnung, ist ihr Einsatz auf Flächen mit schwachem Verkehr beschränkt. Im Falle von Mosaikstein als Restflächen, Bordüren und Zierbänder, bei Kleinstein aus einem besonderen Gestaltungswunsch sind Terrassen, Wege, kleine Plätze und Schauflächen so zu verlegen.

Zur Klarstellung sind die Nachteile des Kleinstein-Reihenpflasters stichpunktartig aufgeführt:

■ Der geringe Belastungsgrad entspricht nicht den Anforderungen für befahrbare Flächen.

■ Die Fugenbreite ist in der Regel größer als bei Bogenpflaster.

■ Erhöhte Materialkosten wegen der Sonderbestellung für vorsortierte Steine. Hoher Ausschuß an Material, wenn nicht entsprechend vorbestellt.

■ Hohe handwerkliche Anforderungen bei Verlegung über eine große Fläche.

Weder bei Mosaik- oder Kleinstein ist es ratsam, größere Flächen mit Reihenpflaster zu verlegen, denn je länger die Strecke, um so schwieriger ist es, die Reihen einzuhalten. Passéepflaster ist wesentlich besser für solche Situationen geeignet.

Tips zur Ausführung

■ Bei der Materialbestellung unbedingt die Pflasterart angeben, da die gelieferten Pflastersteine für Bogenpflasterung sortiert sind. Die unterschiedlichen Größen sind meist ungeeignet für Reihenpflaster, wo gleichmäßige Steine mit quadratischer Kopffläche benötigt werden. Eine vorsortierte Lieferung eigens für Reihenpflaster ist teurer, aber arbeitssparender, und es ist mit weniger Ausschuß zu rechnen.

■ Keine Kreuzfugen pflastern. Der neu gesetzte Stein muß die Stoßfuge seines Vorgängers um die Hälfte oder wenigstens um ein Drittel seiner Länge überspringen.

■ Reihen entweder rechtwinklig an der Sohle ansetzen oder für Diagonalpflasterung in 45°.

200

201

202

203 Bei verkehrsberuhigten Straßen ergeben sich mit dem Zusammenlegen von Fahr- und Fußgängerverkehr viele Gestaltungsprobleme. Die Beispiele zeigen zwei Lösungen, beide beruhen auf dem Streifenprinzip. Reihenpflaster in zwei Gesteinsarten und Größen ergeben klare Angaben zur Fahr- und Gehzone, sind aber als Fläche deutlich erkennbar.

204 Ein ähnliches Prinzip zeigt die Altstadtversion, gesehen in Schwerin: Ein Streifen Reihenpflaster zwischen Wildpflaster.

203

204

200 Diagonal-Großsteinpflaster mit passenden Bindersteinen am Treffpunkt der Diagonale

201 Dekorative Reihen: Carrara-Blocks, gerahmt mit Basalt

202 Ein vierreihiger Zierstreifen

205   Ein Gartenweg in
Granit, Mosaiksteinpflaster
verlegt in Reihen. Planung
Gerhart Teutsch

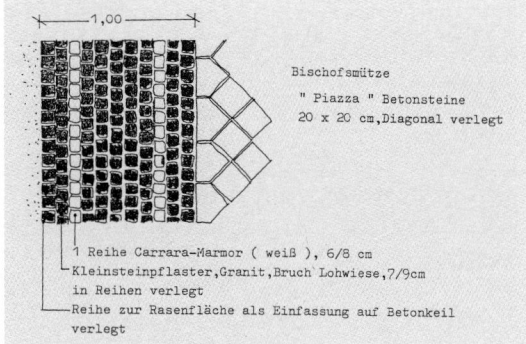

```
   ┌─ 1,00 ─┐
Bischofsmütze

" Piazza " Betonsteine
20 x 20 cm, Diagonal verlegt
```

1 Reihe Carrara-Marmor (weiß), 6/8 cm
Kleinsteinpflaster, Granit, Bruch Lohwiese, 7/9cm
in Reihen verlegt
Reihe zur Rasenfläche als Einfassung auf Betonkeil
verlegt

206 Der ausgeführte
Streifen.

207 Reihenpflaster-Zier-
streifen werden oft in Kombination mit anderen Materialien wie Betonpflaster verwendet. Hier eine Detailskizze,
mit genauen Angaben zur
Gesteinsart.

208 Reihen müssen nicht
gerade oder im Kreis angeord-
net sein, sie können auch
geschwungen und in Wellen
verlegt sein. Diese Art des
Reihenpflasters erfordert
große handwerkliche Geschicklichkeit und gründliche Über-
legungen zum Muster selbst.

Verlegeanleitungen für Großstein-Reihenpflaster

1. Seitliche Lehrzeile verlegen, im rechten Winkel zum Reihenverlauf.
2. Reihe für Reihe sorgfältig pflastern; Höhe und Gefälle regelmäßig mit einer Setzlatte prüfen. Bindersteine in jeder zweiten Reihe als Anschluß- und Schlußstein verlegen, dadurch werden die versetzten Fugen eingehalten. Ein Halbstein könnte auch verwendet werden, wobei ein großflächiger Stein für die Stabilität der Fläche besser ist (Bild 210). Durch das Gewicht des Großsteins muß der Stein gleich an der richtigen Stelle sitzen, leichte Verschiebungen sind möglich (Bild 211).
3. Fläche bis zum Ende pflastern.
4. Fugen fachgerecht einsanden, einschwemmen und Fläche verdichten.

Material: Gebrauchtes Granit-Großsteinpflaster, Würfel und Binder.
Bettung: 5 cm stark; Splitt, Körnung 2 – 5 mm oder Bettungsmaterial, je nach örtlichem Vorkommen.
Ausführung: Pflasterklasse der Bauinnung München, im Rahmen der überbetrieblichen Lehrlingsausbildung zum Straßenbauer.
Anwendung: Straßen- und Hofpflasterung.

209

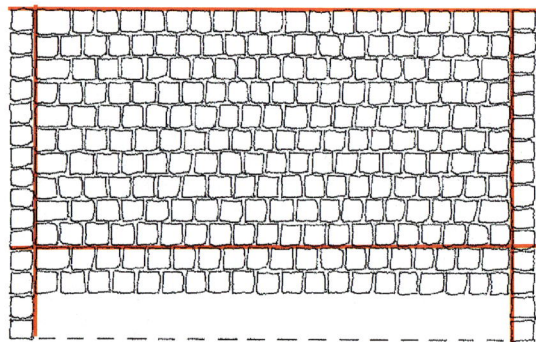

209   Schemaskizze, Kleinstein 9/11 cm, Reihenpflaster
Zur Einhaltung der Reihen sind Schnüre in regelmäßigen Abständen zu spannen, gehalten von Hexen (Bild 210). Die Übertragung auf Großstein- und Mosaikstein-Reihenpflaster erfolgt sinngemäß.

Verlegung von Restflächen in Mosaikstein-Reihenpflaster

Arbeitsablauf

1. Wie bei jeder Verlegungsart sind die Einfassungszeilen (in diesem Fall bündig) zuerst zu pflastern. Es ist ratsam, auch entlang der Gebäude- oder Mauerkante eine saubere Zeile zu ziehen. Wie ein Puzzle sind die Ränder zuerst zu pflastern, dazwischen einzeln versetzte Pflastersteine, die die zwischenliegenden Reihen angeben (Bild 212).

2. Allmählich wird die Fläche gefüllt: den passenden Stein aus dem seitlichen Vorrat aussuchen (Bild 213).

3. Die Reihen müssen in einer Richtung orientiert sein. Besonders schwierig ist das Auspflastern am Treffpunkt zweier Zierbänder (Bild 214).

4. Flächen fertig pflastern, Fugen einsanden, einschwemmen und Fläche fachgerecht verdichten.

Material: Granit, Mosaiksteinpflaster.
Bettung: 3 cm stark; Splitt 0–3 mm Körnung oder anderes Bettungsmaterial, je nach örtlichem Vorkommen.
Ausführung: Max Fischer GmbH, Straßen- und Pflasterbau, München.
Anwendung: Für Restflächen, Traufen, Zierbänder, Flächen mit geringer Belastung.

Tip zur Gestaltung:
Maximale Breite der Fläche oder Bordüre auf 100 cm beschränken

212

213

Verlegung von Restflächen in Mosaikstein-Reihenpflaster **105**

Bau einer Terrasse aus Granit mit Kleinsteinpflaster in Kreisverlegung

Material: Granit, Kleinsteinpflaster 9/11. Für die ersten drei Reihen schmälere Steine aussuchen. Verlegungsart unbedingt bei Bestellung angeben. Mittelstein gesondert zuschlagen.
Stückzahl pro Tonne: 490.
Bedarf pro m²: 100–115.
Bettung: Sand, Körnung 0–5 mm, 3 cm stark. Je nach örtlichem Vorkommen auch Splitt, Kies 2–5 mm, frei von lehmigen Teilen.
Fugenmaterial: Brechsand 0/5 oder Splitt, je nach örtlichem Vorkommen.
Verlegungsart: Kreisverband.
Planung: Christian Wegener, Landschaftsarchitekt, Hamburg.
Ausführung: J. Lorenzo Otero GmbH, Garten- und Landschaftsbau, Quickborn.

Arbeitsablauf

1. Umriß der zu pflasternden Fläche mit Stäben und Pflöcken ausstecken. Für ein kreisrundes Pflaster wird ein Quadrat ausgesteckt, dessen Seitenlängen dem Kreisdurchmesser entsprechen. Zur Feststellung des Mittelpunktes werden von Ecke zu Ecke die Diagonalen mit Schnüren gespannt.
2. Terrassenbereich auskoffern, Unterbau prüfen, Frostschutzschicht fachgerecht einbauen, planieren und verdichten. Bettungsmaterial auftragen, gleichmäßig verteilen, planieren.
3. Mittelpunkt des Kreises mit einem Stab markieren, beiderseits zwei Lehrsteine – die gleichzeitig die Belagshöhe in verdichtetem Zustand angeben – setzen (Bild 215). Das Umfeld der Terrasse ist mit einer roten Schnur abgesteckt. Die zu verlegenden Pflastersteine liegen außerhalb der vorbereiteten Fläche.
4. Ein Ende der Schnur an den Mittelpunkt binden, das andere am Gelenkteil eines Zollstocks befestigen. Einen Kreis mit ca. 50 cm Radius (entspricht vier Reihen) im Sand vorzeichnen (Bild 216).
5. Einen Pflasterstein am Rand des vorgezeichneten Kreises setzen, Höhe mit der Setzlatte und Wasserwaage prüfen (Bild 217).
6. Kreis von der Mitte aus Reihe für Reihe bis zum Markierungsstein auspflastern. Die zwei Lehrsteine müssen entfernt werden, die Kreis-

Tips zur Gestaltung

■ Den Mittelpunkt als dekoratives Element betrachten.
■ Für eine dekorative Wirkung einzelne Reihen mit einer anderen Gesteinsart hervorheben.
■ Mehrere Kreise können nebeneinander liegen, wobei der Zwischenraum ausgepflastert wird.

Tips zur Ausführung

■ Bei Kreisverlegung kleine Steine in die inneren drei Reihen verlegen, nach außen Übergang zu größeren Steinen. Innerhalb einer Reihe müssen alle Steine gleich groß sein.
■ Auf versetzten und gleichmäßigen Fugenabstand achten. Die Fugen können sich in Richtung Kreismitte leicht verjüngen.
■ Bei der Verwendung von größeren Formaten, etwa Großsteinpflaster, erhöht sich die Fugengröße. Keinesfalls Großsteinpflaster für kleine Kreise verwenden.
■ Gefälle und Entwässerung nicht vergessen (2,5 %). Bei einem Kreis bietet es sich an, die Kreismitte als Hochpunkt oder als Tiefpunkt auszubilden. Im letzteren Fall ist statt eines Steins ein Gully eingesetzt. Ein deutlicher Nachteil dieser Lösung ist, daß bei Platzregen oder verstopftem Gully sich eine Wasserpfütze bildet.
■ Wegen der geringen Belastung und gewünschter fließender Übergänge wurde keine Einfassung, sondern ein Betonkeil an der äußeren Reihe Großsteine gesetzt.

215

217

216

218

219

220

221

222

mitte bleibt offen. Die inneren beiden Pflasterreihen sind mit besonderer Sorgfalt auszuführen: die einzelnen Steine nach Paßform auswählen und nach Bedarf nacharbeiten (Bild 218).

7. Mit einer beweglichen, am Eisenstab festgebundenen Schnur wird der Höhenablauf geprüft. Dieser Vorgang, immer ausgehend vom Mittelpunkt, sollte öfters wiederholt werden (Bild 219).

8. Zur weiteren Überprüfung wird die Gesamthöhenabwicklung mit einer Setzlatte kontrolliert (Bild 220).

9. Erst wenn alle Reihen gepflastert und mit Fugenmaterial abgestreut und eingekehrt sind, wird der Mittelstein gesetzt: in diesem Beispiel ein kreisrunder, am Ort zugearbeiteter Pflasterstein. Kleine Verbesserungen an den direkt anschließenden Steinreihen können vorgenommen werden. Um die Arbeit zu erleichtern, Schlaglinien mit Kreide markieren (Bild 221).

10. Der paßgenau bearbeitete Stein wird mit einem Pflasterhammer festgeklopft (Bild 222).

11. Das Fugenmaterial wird auf der Fläche verteilt (Bild 223).

12. Nachdem Sand unter Beigabe von Wasser eingekehrt wurde, kann die Fläche mit einer Rüttelplatte verdichtet werden. Für einen besseren Halt der Fugen ist die Fläche nochmals mit Sand zu streuen und einzukehren (Bild 224). Der restliche Sand oder Splitt ist nicht sofort zu entfernen, sondern sollte mehrere Tage liegenbleiben. Die Fläche kann betreten und benutzt werden (Bild 225). Die fertig möblierte Terrasse. Von der feinen Pflasterung ist im Sommer kaum etwas zu sehen, im Winter jedoch liegt sie in voller Pracht da (Bild 226).

223

225

224

226

227

228

229

227 – 229
Die Mitte – 8 Lösungen für
die Gestaltung des Mittelpunktes: Von der einfachsten
Lösung, die nur den Mittelstein besonders hervorhebt,
bis zur ausgefallenen Kunst
am Boden. Von links nach
rechts: Gesägtes Untersberger
Marmor-Mosaiksteinpflaster,
Granit-Großsteinpflaster (mit
vier Dreiecken als Mittelpunkt), und unten Grauwacke-
Kleinsteinpflaster mit speziell
angefertigtem Rundstein.

230 – 232
Präzisionsarbeit, vergleichbar
mit Intarsienarbeit, gewöhnlich im Hausinneren zu finden.
Alle Bilder zeigen nur Teile
einer größeren Pflasterung in
einer Gartenanlage, geplant
von der Planungsgruppe
Hoff/Reinders und ausgeführt
von Garten- und Landschafts-
bauer Heilmann und Zschau.
Pflasterarbeit ist ein Spezial-
gebiet von Thomas Zschau,
der in diesem Fall ein Fliesen-
motiv im Eßzimmer aufgegrif-
fen und in die Terrasse einge-
arbeitet hat. Als Material
wurden nur Ruhrsandstein,
gebrauchtes Großpflaster und
im Kontrast dazu neues, helle-
res Kleinpflaster verwendet.

233   Beispiel eines
Ornamentpflasters der 30er
Jahre, aus einem Muster-
katalog der Süddeutschen
Mosaikindustrie, 1930

234, 235
Ein Mittelpunkt entsteht und umfaßt den ganzen Platz vor einer Kirche in Wörth am Rhein. Im frisch ausgeführten Zustand sind die Farben sehr kraß, mit der Zeit werden sie milder. Landschaftsarchitekt Karl-Heinz Bergs, verantwortlich für die Planung der Anlage, berücksichtigte dabei das Gesamtfarbkonzept von Prof. Eusemann. Es soll Bauwerken und Außenanlagen einen einheitlichen, ortsbezogenen Stil verleihen.
Die Ausführung der Pflasterarbeit (Stute Bau + Grün, Sinzheim AG,) erfolgte wie in den Abbildungen ersichtlich von außen zur Kreismitte. Eine Herausforderung für den Pflasterer, eine Arbeit, die Regelmäßigkeit und exakte Ausführung verlangt.

Passéepflaster

Wie sehr die Verlegungsarten regional verteilt sind, wird an Hand von Passéepflaster klar. Bis zur Wende waren isolierte Inseln dieser Pflasterart in Städten wie Wiesbaden, Darmstadt, Karlsruhe und Berlin zu finden, als bescheidenes Zeugnis einer sowohl zweckmäßigen wie auch dekorativen Pflasterung. Mit der Herausforderung, das Stadtbild in vielen Städten des ehemaligen Ostens instandzusetzen, ist die Wertigkeit von Passéepflaster, auch als geritztes Pflaster bekannt, neu erkannt worden.

Es wird primär in Mosaiksteinpflaster verlegt. Die zwei Einsatzmöglichkeiten stehen auf den ersten Blick in Widerspruch zueinander, beim näheren Betrachten sind sie aber im Einklang.

■ Es dient zum einen als Befestigung von Rest- und Zwickelflächen, zwischen Plattenbelag und Haus- oder Grundstückskanten, um Baumscheiben oder einfach als Füllung zwischen anderen Verlegungsarten. Jeder Stein findet seinen Platz, ein teilweise mühsames Steckspiel, dennoch eine äußerst wirtschaftliche Verwendung von Material.

■ Es ist aber seine zweite Form als Ornamentbelag, die dem Passéepflaster seinen Ruf verschafft hat. Hier gleicht es am ehesten dem Mosaikbelag im Innenbereich. Während Rest- und Füllflächen in einer Steinart ausgeführt werden, können mehrere Gesteinsarten in allerlei Farben kombiniert werden. Einzige Bedingung ist, daß die Steine alle die gleiche Größenordnung und vor allem Satzhöhe haben. Am beeindruckendsten sind die Zierbänder und Pflastermedaillons, oft eine einfache Spielerei mit Schwarzweißkontrast.

Bis Bayern, Hochburg des Kleinstein-Segmentpflasters, ist diese Verlegungsart nicht vorgedrungen. Was aber nicht heißen soll, es sei falsch am Platz, denn die Gestaltungsmöglichkeiten dieser eher verfeinerten Wildpflasterung sind vielseitig. Zwei große Nachteile schränken den Einsatz ein:

■ Die geringe Belastungsfähigkeit des Belages,

■ nicht genügend Handwerker, die diese Pflasterung beherrschen.

236

236   Pures Passéepflaster, verlegt in Granit-Mosaikpflaster. Die unverwechselbare rhythmische Ausstrahlung entsteht aus dem Handgelenk des Pflasterers.

237   Ornament, Berlin Friedenau

238   Hauseingang mit Stern, Berlin Friedenau

237

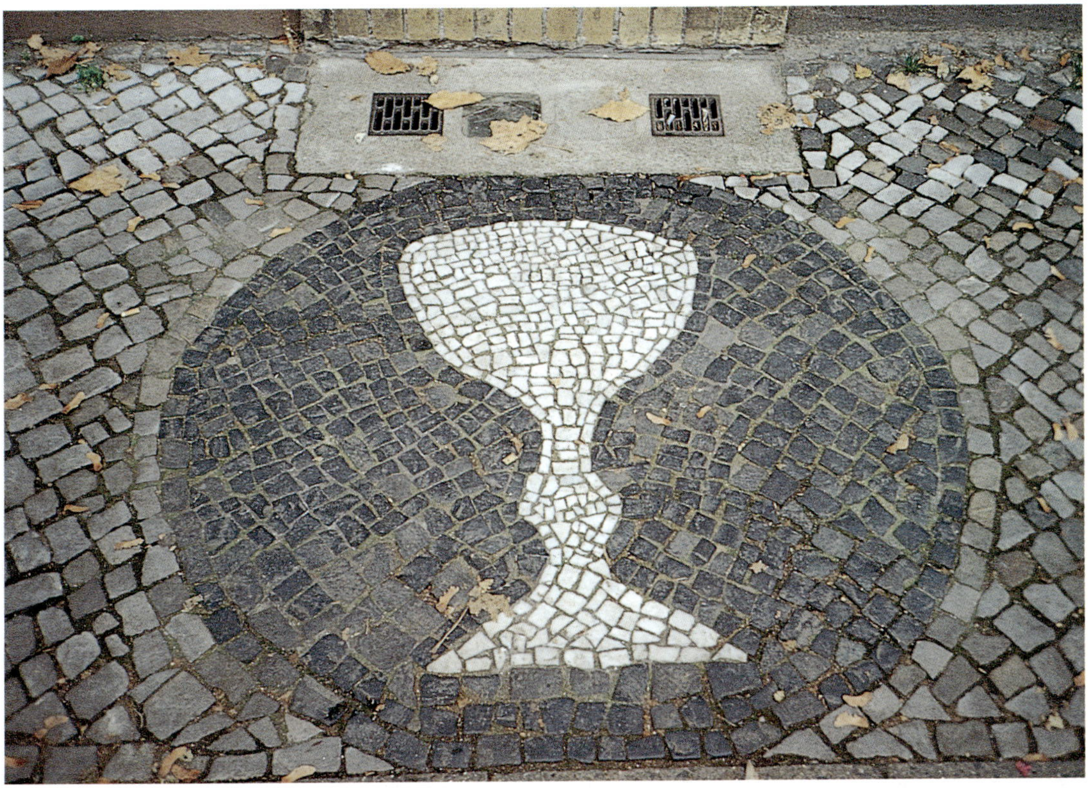

238

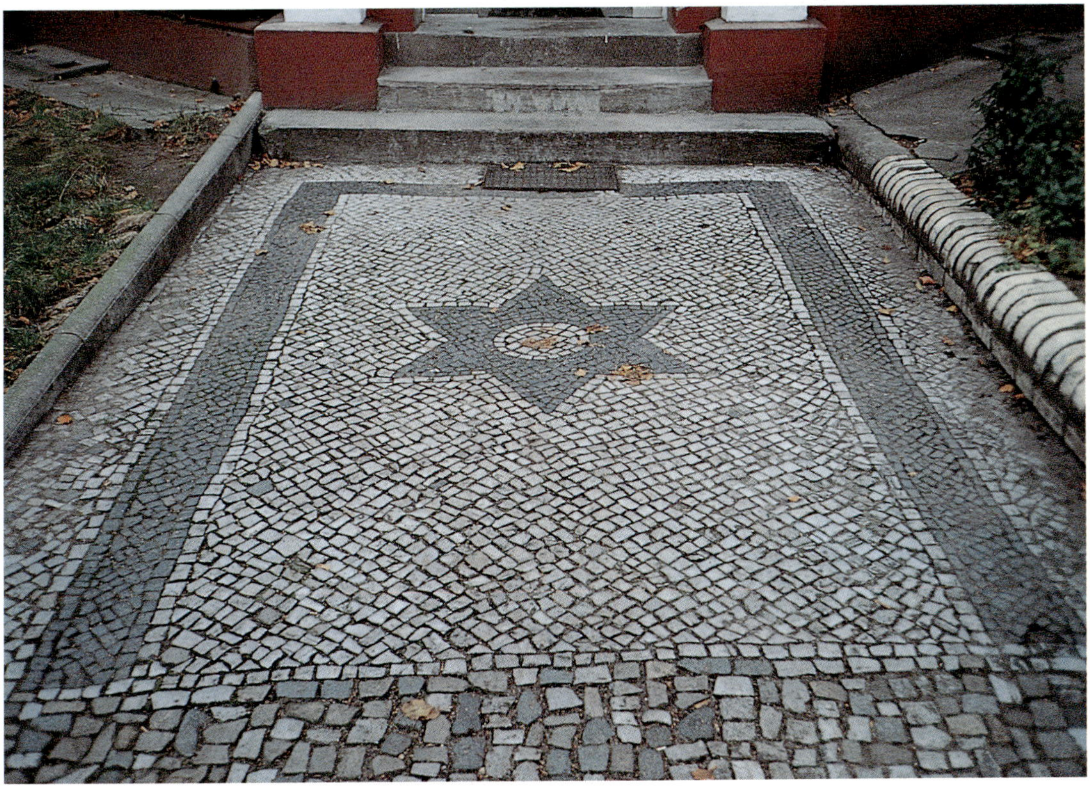

Verlegeanleitungen:
Pflastern eines Gehweges in Passéepflaster

Material: Für die Füllfläche Granit, Mosaikstein-pflaster 4/6 cm
Bordüre: Carrara-Marmor, rechteckiges Sonder-format (entsprechend einem Doppelmosaik-pflaster); Granit, Mosaikstein in regelmäßigen Größen für die Reihenverlegung.
Für die Einfassung Granit, Großsteinpflaster, auf Betonkeil verlegt.
Bettung: 3 cm starker Sand, je nach örtlichem Vorkommen; auch Splitt oder Kies; Körnung 0/5 mm, verwenden.
Planung: Stadt Karlsruhe, Gartenbauamt
Ausführung: Stute Bau + Grün AG, Sinzheim

Arbeitsablauf

1. Eine Großsteinpflaster-Einfassungszeile in Betonrücken setzen, mit Mörtel verfugen. Anschließend Zierband pflastern: in diesem Fall drei Reihen Granit-Mosaikpflaster, vier Reihen Carrara-Marmor-Mosaikpflaster, drei Reihen Granit-Mosaikpflaster und zwei Reihen Carrara-Marmor, alles in Reihenpflaster ausge-führt. Höhenlage zwischen den beidseitigen Zierbändern mit einer Setzlatte überprüfen. Der Verlauf des Zierbandes ist mit Eisenstä-ben markiert (Bild 240).
2. Bettungssand aufbringen und gleichmäßig verteilen, hier nur im unmittelbaren Arbeitsbe-reich, ca. 100 cm breit. Wiederholt die Belags-höhe mit einer Setzlatte prüfen. Das Passée-pflaster dient hier als Füllung, die Zierbänder geben die Führungsrichtung an (Bild 241).

Tips zur Ausführung

■ Stets Einfassungsreihe setzen, nie diese Pflasterart ohne Einfassung ausführen. Die Einfassung kann nicht mit Mörtelkeilen ersetzt werden.
■ Anschlußsteine parallel zur Einfassung legen.
■ Eine Mischung von Würfeln – rechteckige, trapezförmige Steine innerhalb der Steingröße – ist notwendig. Gegebenenfalls bei der Mate-rialbestellung angeben. Steine der II. Güte-klasse können verwendet werden, Unterschie-de in Format und Farbe tragen zur Lebendigkeit der Pflasterung bei.
■ Änderungen der Richtung durch trapez-förmige Steine, in der Regel nach jedem fünf-ten Stein.
■ Leichte Wirbel entstehen, wichtig für die Verzierung der Fläche.
■ Wenn gut verlegt ist, bleibt kaum Restma-terial übrig, jeder Stein findet »seinen« Platz.
■ Ausstecken mit Schnurgerüst ist nur not-wendig zur Kennzeichnung der Zierbänder und Einfassung, nicht für die Pflasterung selber.

239

3. Stein für Stein entsteht wie in einem Puzzle der Verband, allerdings ohne Vorlage. Der Arbeitsbereich jedes Pflasterers ist begrenzt durch seine Reichweite. Wenn dieses Feld gepflastert ist, rutscht er nach rückwärts und pflastert weiter. Bei größeren Flächen sitzen entweder mehrere Pflasterer nebeneinander oder es wird von beiden Seiten aus zur Mitte gearbeitet. Sehr praktisch ist die Verwendung einer Plastikfolie oder großen Tüte für das Auflesen unbrauchbarer Steine oder sonstiger Teile, die das Sandbett verschmutzen (Bild 242).

4. Die fertig verlegte Fläche, kurz nach der Fertigstellung: Sand liegt noch auf der Oberfläche, die Steine glänzen von der Wasserbeigabe (Bild 239).

Kieselsteinpflaster

Von allen Pflasterarten ist das Kieselpflaster,
auch Steckpflaster genannt, am geeignetsten
für die Ausführung durch den Heimwerker.
Material, Verlegungsgröße und Aufwand sind
im Rahmen des Machbaren. In der Regel sind
die Kieselpflaster reine Dekoration, Ornamente, die an besonders prägnanten Stellen verlegt werden. Wie Medaillons schmücken
sie den Boden und zeigen eine persönliche
Handschrift.

243

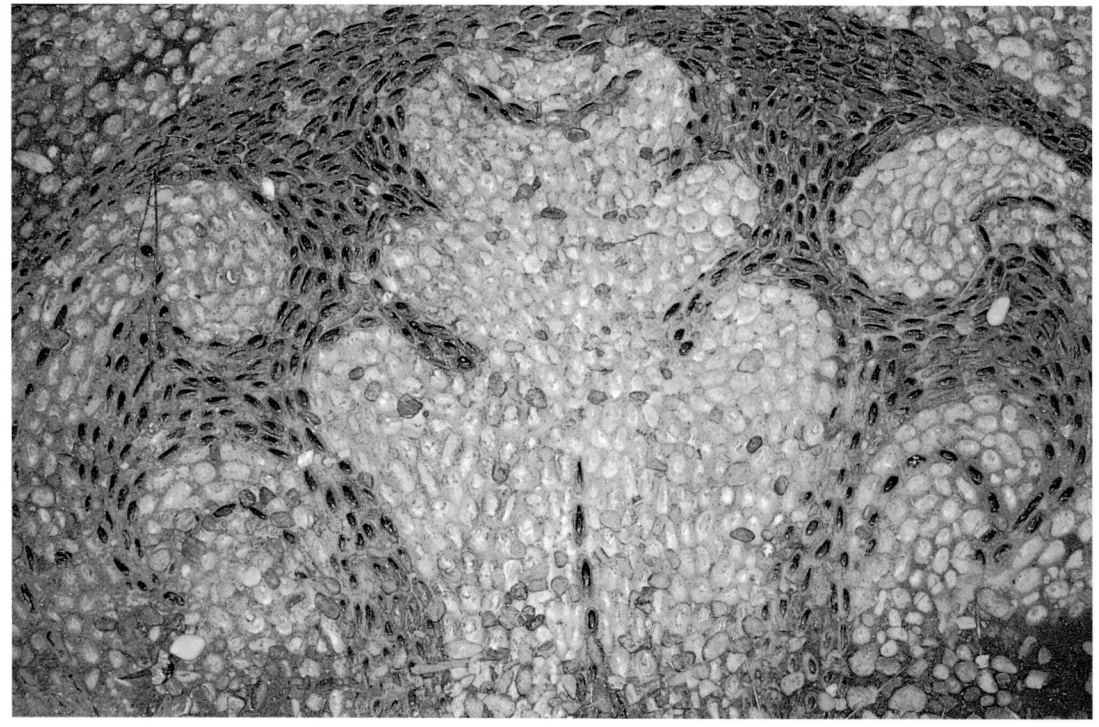

243 – 248
Kieselschau: Vom Italien der
Renaissancezeit zum Pflaster
der 30er Jahre ist Kieselpflaster weltweit und über
viele Epochen vertreten.

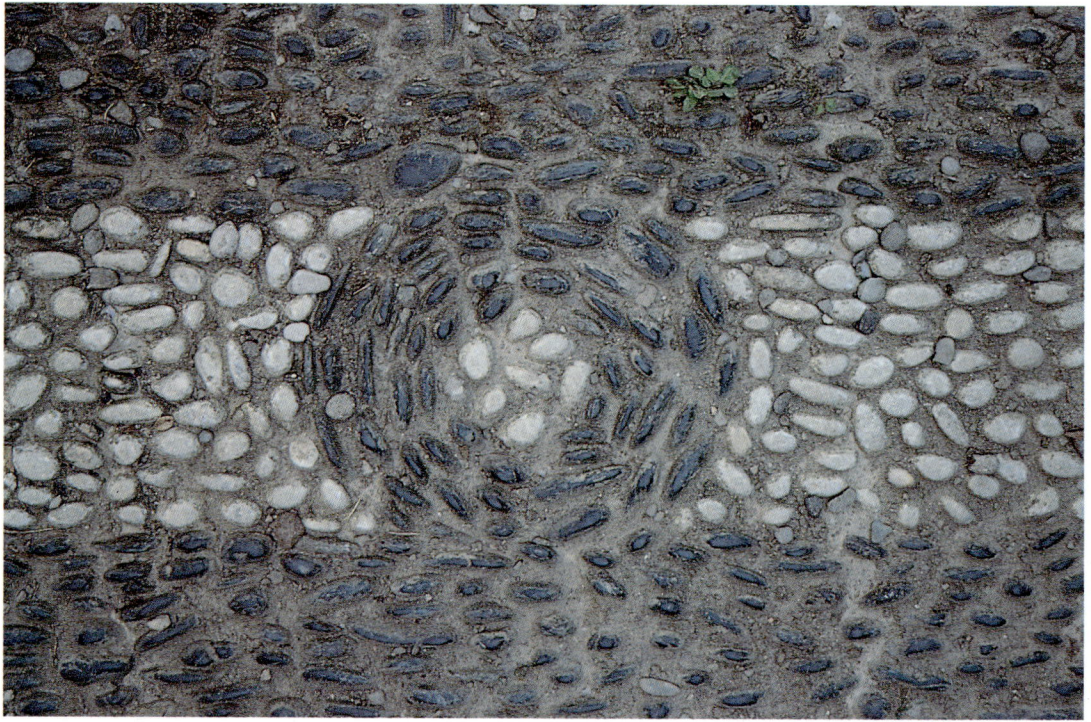

247

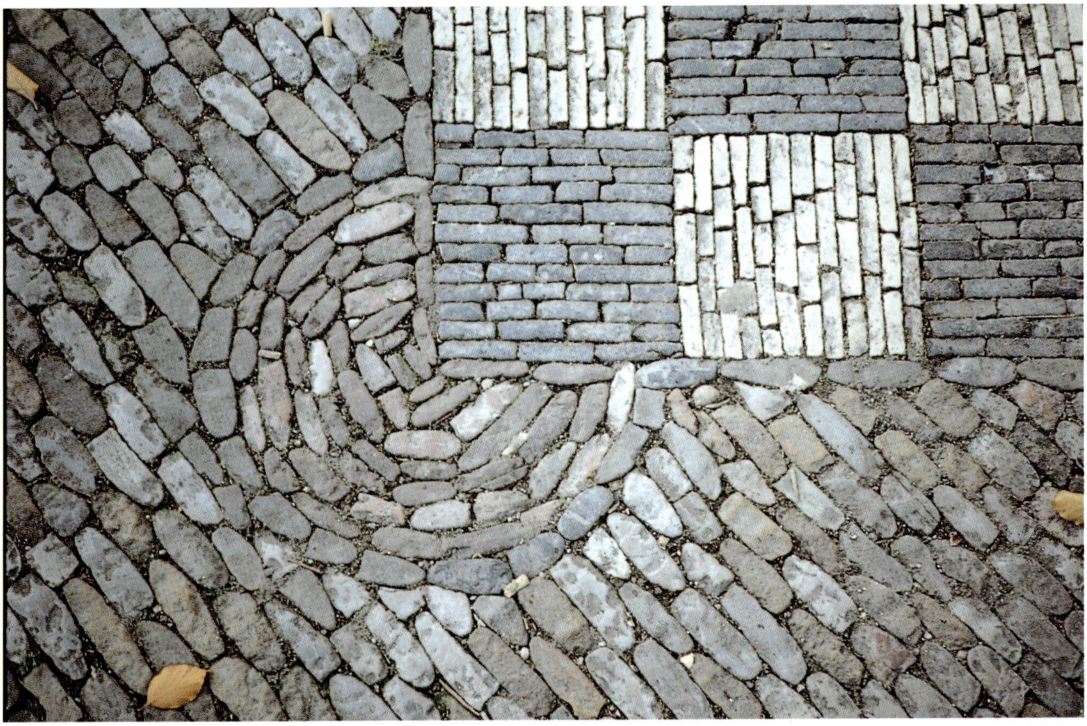

248

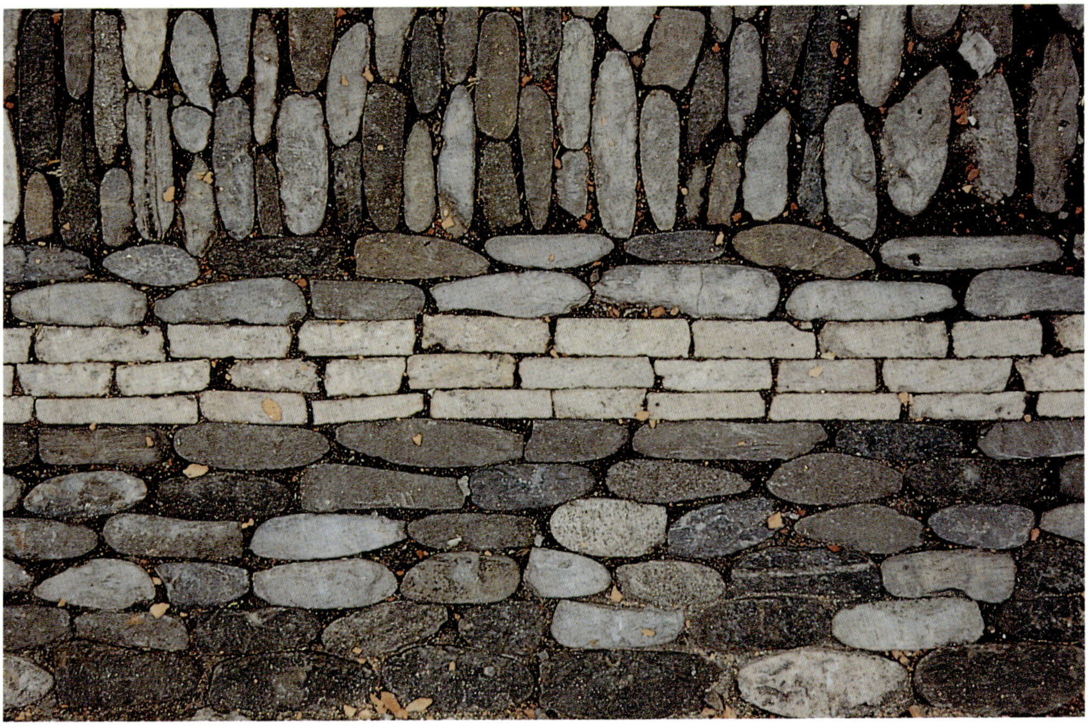

Entwerfen und Zeichnen

Zuerst muß das Motiv überlegt werden: Jahreszahlen – vielleicht das Baujahr des Hauses –, Initialen der Eigentümer, Wortspiele mit Namen, Handwerks- und Berufszeichen oder Sternzeichen und viele andere Motive sind mögliche Vorschläge. Für den Anfänger sollte jedoch das Motiv einfach und deutlich sein. Das gewünschte Motiv muß zuerst als Ideenskizze festgelegt werden, dann als 1:1-Grundzeichnung, mit den Umrissen der Motive und Form und Aufteilung der Felder selbst. Denn das Motiv sollte wie ein Bild gerahmt sein und ein würdiges Umfeld haben. Beliebt sind Kreise, aber auch Quadrate, Rauten und Rechtecke als Grundformen. Der Hintergrund muß neutral sein, die Aufmerksamkeit wird auf das Motiv gelenkt.

250

251

249–254
Ein Ornament muß nicht immer einer Materialschau gleichen. Schlichte Strukturen, die Schatten als Gestaltungselement mit einbeziehen, können eine überzeugende und elegante Wirkung haben.

Es ist durchaus möglich, daß die Zeichnung nicht sofort gelingt – sie ist nicht das Schaustück, sondern nur ein Arbeitsmittel, um zum fertigen Produkt zu kommen. Wer die Zeichenarbeit so betrachtet, baut auf dem schnellsten Weg Hemmungen ab, kann lockerer und selbstbewußter an die Arbeit gehen.

Verschiedene Möglichkeiten stehen zur Verfügung, die Skizze in die für die Ausführungsarbeit notwendige Originalgröße zu übertragen:

Die traditionelle Methode, erprobt und seit Jahren bewährt, teilt die Skizze in gleichmäßige Felder ein, zuerst halbiert, dann geviertelt und nach Bedarf in noch kleinere Felder. Die gleiche Einteilung, aber in voller Größe, wird auf der Vorlage vorgenommen. So kann Strich für Strich, Feld für Feld die Information übertragen werden. Die originalgroße Zeichnung kann verfeinert und ausgearbeitet werden. Wer eine saubere Arbeitsvorlage vorzieht, kann die Zeichnung auf Transparentpapier, das in DIN-großen Bögen im Bürobedarfsgeschäft erhältlich ist, ins Reine zeichnen und anschliessend auf Papier kopieren lassen. Dafür sollte man starkes, reißfestes Papier (110 g) auswählen.

Wesentlich schneller als die manuelle Methode sind die neuen *Vergrößerungsgeräte*. Die gewünschte Endgröße muß angegeben, der Vergrößerungsfaktor errechnet werden. Ein Knopfdruck genügt, um die Skizze (manchmal mit Zwischenkopien) auf Originalgröße zu bringen.

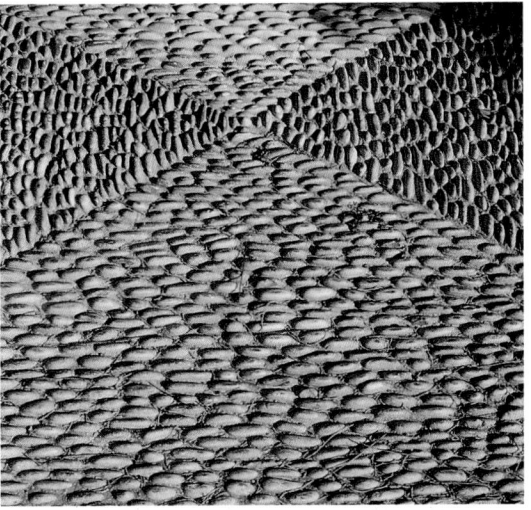

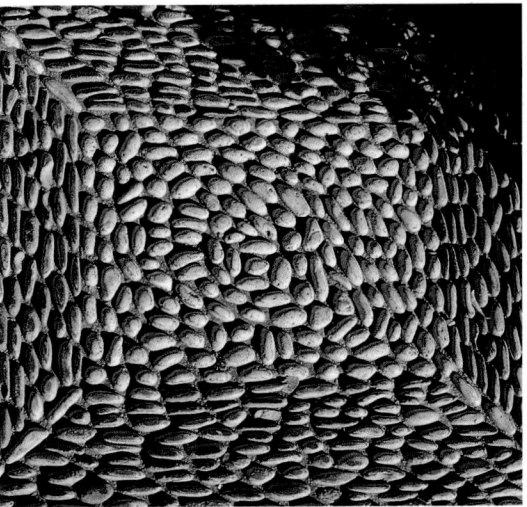

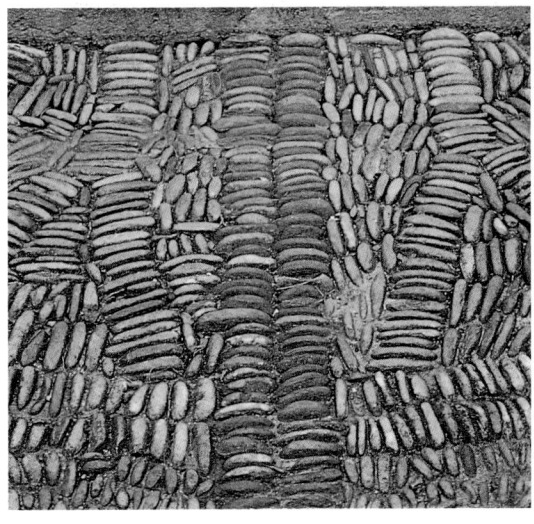

Materialauswahl

Mit der fertigen Vorlage geht es zum nächsten Schritt, der Materialauswahl. Grundsätzlich ist Material in drei Formen erhältlich:

- Längliche, ovale Kieselsteine,
- fast kugelrunde »Rundlinge«, sogenannte »Bummerl«,
- gespaltene Kieselsteine (Spaltsteine) mit glatten Oberflächen.

Der versierte Kieselsteinleger kann alle drei Formen kombinieren und wird sogar Abfallprodukte wie dünne Dachziegel, Porzellanscherben und anderes dazunehmen. Der Anfänger ist besser beraten, eine Form mit möglichst ähnlichen Größen auszusuchen. Wie bei allen anderen Pflasterarten ist es unbedingt notwendig, eine einheitliche Satzhöhe einzuhalten. Das Motiv muß sich vom neutralen Hintergrund abheben, hier sind einfache Schwarz-Weiß- oder Hell-Dunkel-Kontraste wirkungsvoll. Ein Hinweis: Je ausgefallener die Farbe, desto teurer das Material.

Bei der Frage, wo man das Material besorgen kann, scheiden sich die Geister zwischen den »Auflesern« und den »Bestellern«. Obwohl so manches geschrieben wird über die Freude des Entdeckens, die Kostenersparnis und die persönliche Auswahl, vertrete ich die Meinung, daß es sich um einen Eingriff in die Landschaft handelt, wenn alle mit ihren Eimern und sonstigen Sammelbehältern herumlaufen: »Nur« zehn Steine von einer Kiesbank reichen niemals aus. In Landschafts- und Naturschutzgebieten ist die Entnahme ohnehin untersagt. Ein kontrollierter, genehmigter Abbau von Material, wobei der Kunde nach Farben und Größen grob vorsortiertes Material erwerben kann, ist ökologisch sinnvoller. Eine Überprüfung des Angebots zeigt jedoch, daß tatsächlich wenig gut vorsortiertes Material angeboten wird. Nicht jeder Stein ist zum Kieselpflastern geeignet, aus einer Lieferung bleiben viele unbrauchbare Steine übrig. Trotz Vorsortierung bleibt einem die Feinauslese nicht erspart, es sei denn, daß eher Wildverband gewünscht ist.

255

255   Aus dieser Ladung Kieselsteine sind wenige zum Pflastern geeignet.

Je feiner und eleganter das Muster, um so umfangreicher und zeitaufwendiger das Sortieren. In diesem Lichte gesehen ist es verständlich, warum das Material am Ursprungsort gesammelt wird. Einzelne, besondere Steine, auffallend in Form oder Farbe, können fast nur über Jahre hinweg gesammelt werden.

Mengenermittlung Anhand der Zeichnung läßt sich leicht ermitteln, wieviele Steine in welcher Größe benötigt werden. Es empfiehlt sich, mit dem Steinmaterial eine erste Probelegung auf Papier vorzunehmen. Ein Duplikat oder eine Zweitkopie der Zeichnung ist nützlich. Diese Probelegung muß nicht draußen, sondern kann auch drinnen (z. B. in der Garage) gelegt werden.

Durchmesser 7 – 15 cm

Bach-Bummerl	grau-bunt	rund, glatt
Gletscher	weiß-schwarz gesprenkelt	rund, glatt
Inn-Katzenkopf	buntfarbig	rund, glatt
Quarz-Katzenkopf	gelblichweiß	rund, glatt
Verde Nero	grün-anthrazit	gerundet

Durchmesser 4 – 6 cm

Carrara	weiß, zartgrau	rund, länglich, glatt
Diabas	grün	gerundet
Feuerstein	dunkelgrau	gerundet, länglich
Granit	grau-weiß gesprenkelt	gerundet
Granit	rot-weiß gesprenkelt	gerundet
Porphyr	rot/braun graubunt/violett	rund, glatt, auch gespalten
Serpentin-Schotter	grünschwarz	kantig

Durchmesser 4 – 10 cm

Kiesgrubensteine, z.B. Niederrheinische	Mischfarben	gerundet, glatt

256   Eine Viertelstunde Grobauslese, später eine kleine Auswahl der zwischen 6 bis 9 cm langen Kieselsteine. Je nach Herkunft sind unterschiedliche Farben zu erwarten: Typisch für den Salzburger Raum, wo diese Steine entnommen wurden, sind Farbmischungen von Rosé, Grüngrau, Rotbraun bis ganz hell.

257   Obwohl der Fachhandel nur eine kleine Auswahl Steine anbietet, lohnt es sich, das Angebot zu prüfen. Das vorhandene Material ist oft ein Zufallstreffer, je nachdem, was gerade erhältlich ist. Hier weißer Marmor, beige Kalksteine, anthrazitfarbener Basalt.

Die Verlegung

Nachdem die zu pflasternde Fläche vorbereitet, der Unterbau fachmännisch durchgeführt und auf die richtige Höhe gebracht worden ist, kann die Verlegung anfangen.

Drei Methoden stehen zur Verfügung, die sich lediglich in der Zusammensetzung des Bettungsmaterials unterscheiden.

■ Die traditionelle Verlegung im Sandbett
■ Eine Abwandlung der ersten Methode, eine Verlegung in eine trockene Mischung aus Sand und Zement.
■ Eine starre Verlegung in Mörtel (auch als vorgefertigte Teile möglich)

Tips zur Ausführung

■ Steine und anderes Material nach Größe, Format und Farbe vorsortieren.

■ Aufbau fachgerecht entsprechend der zu erwartenden Belastung ausführen.

■ Steine nie bis zur Oberfläche in das Bettungsmaterial drücken! Im Unterschied zu anderen Pflasterarten sollen die Fugen nicht bis zur Oberfläche geschlossen sein. Ein Überstand von 5 mm bei Steinen bis 6 cm Größe und 10 mm bei großen Steinen ist ein wichtiger Bestandteil der Pflasterung. Er ist maßgebend für die Schattenbildung und für die lebhafte, fast dreidimensionale Wirkung der Fläche. Wichtig ist die Einhaltung des gleichen Niveaus, bei Mischgrößen ist das niedrigste zu wählen.

■ Beim Einschlämmen Wasserdruck richtig einstellen, Bettungs- und Fugenmaterial nie ausschwemmen.

■ Arbeitshöhe errechnen, zum Beispiel:

Kieselsteinstärke: angenommen	10 cm
Bettungsmaterial:	3 cm
	13 cm

Aufbau für Gehwege (je nach Beschaffenheit des Unterbaues): 20 – 40 cm
Es ergibt sich eine Auskofferungstiefe von 33 – 53 cm.

Die traditionelle Verlegung im Sandbett Was sich über Jahrhunderte als bewährt erwiesen hat, kann nicht schlecht sein. Mit einigen Ergänzungen, die den Benutzungsansprüchen unserer Zeit entsprechen, würde ich für diese erprobte Methode plädieren.

Wie bei den anderen Pflasterarten erfolgt die Verlegung auf einen bereits vorbereiteten Unter- und Oberbau. Die Stärke und Körnung des Sandbettes entspricht der Verlegung von Natursteinpflaster. Hier ist wichtig, daß die Kieselsteine vorsortiert sind und alle ähnliche Satzhöhen haben. Nach der Vorlage werden die Steine sorgfältig verlegt und leicht in das Sandbett eingedrückt. Sollte die Arbeit am Feierabend nicht fertig sein, genügt eine provisorische Einfassung, zum Beispiel eine Latte, um die Fläche zu befestigen. In regelmäßigen Abständen sollte mit einer langen Richtlatte geprüft werden, ob die Oberfläche eben ist. Statt direkt auf der Fläche zu rütteln, wird ein Brett zur gleichmäßigen Verteilung der Last als Zwischenlage aufgelegt und der Druck mittels Rüttelplatte oder Stampfer ausgeübt. Für einen besseren Halt der Oberfläche kann statt reinem Sand eine Fugenmischung aus Sand und Trockenzement verwendet werden. Das Material wird eingekehrt, gerüttelt und anschließend geschwemmt.

Verlegen in einer Trockenmischung Eine inzwischen erprobte und empfehlenswerte Methode ist die Verlegung in einer Bettung aus Trockenmischung von Sand und Zement. Versierte Kieselsteingestalterinnen, wie Maggie

Howarth in England und Ula Sieger in Deutschland, bevorzugen diese Art zum einen wegen der Flexibilität während der Verlegung und zum anderen wegen der Stabilität der fertigen Fläche.

Arbeitsablauf

1. Bettungsmischung, Sand Körnung 0/3 mm und Traßzement im Verhältnis 3:1:1 gleichmäßig mischen.

2. Auf die fachgerecht vorbereitete Unterlage eine 3 cm starke Schicht Bettungsmaterial auftragen und gleichmäßig auf der Fläche verteilen. Mit einer Setzlatte glattziehen.

3. Umrisse des Musters in der Fläche vorzeichnen.

Tips zur Ausführung

Nur bei guter Witterung arbeiten, das eigene Tagespensum einschätzen und nur so viel Bettungsmaterial auftragen, wie verarbeitet werden kann. Sollte Regen die Arbeit unterbrechen:

- Verlegte Fläche keilförmig abstechen,
- Rest Bettungsmaterial entfernen,
- verlegte Fläche mit Plastikplane abdecken,
- bei großen Flächen für eine Drainage sorgen.

258

4. Steine setzen, gleichmäßig eindrücken, mit einem Mosaiksteinhammer klopfen. Korrekturen sind möglich, die Bettung muß nur geglättet werden. Mit Setzlatte und Wasserwaage Höhe und Gefälle prüfen.

5. Musterabschnitt oder Tagespensum verlegen, anschließend unter Beigabe von Wasser Sand mit Zement binden. Soviel Wasser dazu-

258 Ausgesuchte Niederrhein-Kiesgrubensteine in verschiedenen Größen und Farbnuancen, je nach Format und Größe hochkant oder flach in einer trockenen Sandmischung 3:1 verlegt, festgeklopft und eingeschlämmt. Geplant und ausgeführt von Ula Siegers, siehe auch Bild 27.

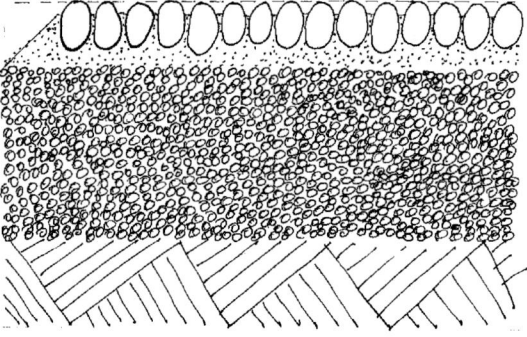

259 Schemaschnitt im Maßstab 1:10. Der Überstand der Steine ist ein wichtiges Merkmal von Kieselpflaster, gezeigt am Beispiel von 10 cm Kieselsteinen in 5 cm Bettung, auf einer 30 – 40 cm Frostschutzschicht.
Je nach Steingröße beträgt der Überstand: 5 mm für Mosaiksteingröße, 10 mm für Kleinsteingröße. Achten Sie darauf, daß der Überstand im Verhältnis zum Stein steht.

geben, bis kein Wasser mehr aufgenommen werden kann. Bei Arbeitsunterbrechung Bettungsmaterial keilförmig hinter der letzten Steinreihe abstechen bzw. aufhäufen: das bewirkt eine gute Verzahnung zwischen der neu- und altverlegten Fläche.

6. Fläche fertig pflastern. Die bereits eingewässerten Flächen müssen mehrere Tage trocknen und sind nicht begehbar.

7. Nach Verlegung der gesamten Fläche und ausreichendem Härten und Trocknen in dünner Schicht die Oberfläche verfugen (ca. 0,5 cm): Sand und Traßzement im Verhältnis 1:1, gut durchgemischt, trocken mit einem Besen oder bei kleineren Flächen mit einer Handbürste einbürsten. Einschlämmen unter Wasserbeigabe und trocknen lassen.

8. Im trockenen Zustand Restmaterial wegbürsten. Die Fläche ist jetzt begehbar.

Verlegung als vorgefertigte Teile Die starre Verlegung kann entweder vor Ort erfolgen oder durch quasi vorgefertigte Teile, die am Ort nur eingesetzt werden. Die Vorteile sind:

■ Die Teile können im Innenraum, im Keller, in der Garage oder Werkstätte verlegt werden.

■ Unabhängig von der Witterung kann die Arbeit zu jeder Jahreszeit im Innenraum ausgeführt werden.

■ Statt auf dem Boden zu hocken, wird auf Tischhöhe gearbeitet.

■ Durch die Ausführungsmethode können unterschiedliche Satzhöhen im Mörtelbett ausgeglichen werden.

■ Die Steine sind fest in die Oberfläche eingebunden.

Gegenüber den Vorteilen scheinen die Nachteile nur auf den ersten Blick unbedeutsam:

■ Oberflächenwasser kann nicht durch die dichten Fugen durchsickern, die Flächen müssen also mit ausreichendem Gefälle verlegt werden. Bei kleinen Flächen reicht es aus, wenn das Wasser gleich in die nebenliegende Pflanzfläche abfließen kann, bei großen Flächen könnte es notwendig sein, einen Gully mit einzuplanen. Im allgemeinen werden heute wasserdurchlässige Flächen bevorzugt (siehe Seite 22).

■ Eine starre Fläche wird immer unbeweglich bleiben. Der Unterbau muß gleichmäßig und fachmännisch sein, jede Unebenheit wirkt sich auf die Oberfläche aus, was durch Risse und ungleichmäßige Setzung der Fläche ersichtlich wird.

■ Da die Tragfläche nicht mit dem Oberbau verbunden ist, wird die Oberflächenbelastung nicht gleichmäßig verteilt und ist vor allem empfindlich gegenüber starkem Bodenfrost und hohen Belastungen.

Bei der starren Verlegung ist die Fläche erst ersichtlich, wenn sie fertig ist. Ein großes Vorstellungsvermögen ist notwendig, um das fertige Pflaster Schritt für Schritt entstehen zu sehen, das spiegel- und seitenverkehrt verlegt wird. Für den ersten Versuch sollte nur ein kleines Mosaik, nicht größer als 75 x 75 cm, gepflastert werden. Entsprechend der bereits in Originalgröße gezeichneten Vorlage wird ein Holzrahmen gebaut und außen mit einer starken Folie ausgelegt, die an der Außenseite befestigt wird. Die Höhe des Rahmens hängt von der Stärke der Kieselsteine ab. Eine dünne Schicht Sand (Körnung 0/3) wird gleichmäßig verteilt und mit einem Stück Holz geglättet. Anhand der – spiegelverkehrten! – Zeichnung können die Steine verlegt werden. Hierbei ist es nützlich, die Rasterlinien als Hilfslinien über die Zeichnung und den Kasten zu legen. Die Kiesel werden eng an eng gelegt. Erst wenn alle Steine verlegt sind, wird Zementmörtel vorsichtig zwischen die Steine und anschließend Beton bis zur Oberfläche des Rahmens gegossen, der glatt gestrichen und gerüttelt wird. Nachdem der Beton getrocknet und hart ist, können die Form umgedreht, Folie und Holzrahmen entfernt und der Sand, der die Kieselfläche geschützt und auf Höhe gehalten hat, vorsichtig gebürstet und weggewaschen werden. Die Mosaikfläche wird nun an Ort und Stelle auf die richtige Höhe eingesetzt.

260 So entstehen die wunderbaren chinesischen Pflasterungen. Per Zufall konnte ich den Pflasterern bei der Arbeit im Garten des Pavillons der dunkelgrünen Welle in Suzhou zuschauen. Früher wurden die mühsam sortierten Kiesel im Sandbett verlegt, jetzt in Mörtel. Die Abschnitte sind so klein und überschaubar, daß der Mörtel erdfeucht bleibt. Bei so gut sortierten Steinen geht die Arbeit zügig voran.

Verlegung in Magerbeton an Ort und Stelle Die bereits beschriebene Methode kann mit einigen Änderungen auch an Ort und Stelle ausgeführt werden. Die Steine werden in das 5 cm starke Mörtelbett eingedrückt (das sofort härtet), anschließend mit Mörtel verfugt und in trockenem Zustand mit scharfen Sand gesäubert. Die Nachteile dieser Ausführungsart sind nicht zu ignorieren:

■ Korrekturen sind nicht möglich, wenn die Kiesel bereits in Mörtel gelegt wurden.

■ Die Verfugung kann nie so genau ausgeführt werden, daß Mörtel nur in die Fugen fließt. Auch die Steine werden bedeckt und verschmutzt, was den gesamten Reiz der Fläche beeinträchtigt. Zudem ist der Fugenanteil zu hoch und dominant.

■ Die Methode ist bei schlechtem Wetter nicht auszuführen, auch bei heißem oder kaltem Wetter trocknet der Mörtel zu schnell.

■ Es darf nur so viel Mörtel aufgebracht werden, wie man in zwei Stunden bearbeiten kann. Nach dieser Zeit härtet die Fläche und ist als Bettung ungeeignet.

■ Punktuelle Ausbesserungen zu einem späteren Zeitpunkt sind schwierig auszuführen.

Verlegeanleitungen:
Kieselpflaster in Magerbeton

Verlegebeispiel aus Heligan Garden, Cornwall, entlang einem Gartenweg im nach historischem Vorbild neu ausgeführten Sonnenuhrgarten.

Material: Weiß mit grauen Einsprengseln, gemischte Größe 3 – 8 cm (in der Mehrzahl 8 cm) längliche Strandkiesel. Anthrazit: schmale, längliche Kieselsteine als Zierband
Bettung: 7 cm starke Schicht Magerbeton
Verlegungsart: Längs, in Reihen
Ausführung: John Nelson und Mitarbeiter, The Lost Gardens of Heligan, Cornwall, England
Anwendung: Ornamentpflaster im Garten

Arbeitsablauf
1. Steine aus dem Steinhaufen auswählen und in Jutesäcken aufbewahren (Bild 261).
2. Rahmen in der notwendigen Größe aus 10 cm starken Latten herstellen (Bild 262).
3. Fläche auskoffern, Unterbau prüfen, planieren. Verschalungsbretter halten den angrenzenden Humus zurück und geben den Arbeitsbereich an. Diese Vorbereitungsarbeiten wurden im Zuge des Wegebaus ausgeführt (Bild 263).
4. Die benötigte Menge vorsortierter Kieselsteine wird abgeschätzt und entsprechend verteilt (Bild 264).
5. Magerbeton abschnittsweise in 7 cm Stärke auftragen, die Kieselsteine über eine Breite von 50 cm, Stein für Stein der Länge nach, reihenweise leicht im Bett eindrücken (Bild 265). Falls die Arbeit durch Regen unterbrochen wird, liegt eine Plastikplane zum Abdecken bereit (Bild 266).

261

262

263

264

265

266

268

267

269

6. Nach dem Auspflastern bleibt die Verschalung so lange, bis die Flächen ausgehärtet sind (Bild 268 und 269).

Tips zur Gestaltung
■ Dunklere, längliche Kiesel bilden die Einfassung und den Übergang zu der Grünfläche (Bild 267).
■ Eine andere standsichere Einfassung ist Klinkerpflaster, auszuführen, bevor die Kiesfüllung verlegt wird (Bild 269).
■ Pflasterinsel in die Gesamtanlage einbinden (Bild 270).

Tips zur Ausführung
■ Nach jedem verlegten Abschnitt keilförmig abschneiden (Bild 265).
■ Kiesel so eng wie möglich legen.
■ Überstand nicht vergessen (siehe Bild 259).

Verlegeanleitungen:
Das Pflastern von
Kiesel-Rundlings-Belag

Material: Rundlingspflaster (Fluß- oder Moränenkiesel), Durchmesser 60 – 250 mm. Nur rundes Material ist zu verwenden.
Bettungsmaterial: Je nach örtlichem Vorkommen Sand, Splitt oder Kies, Körnung 0/5 mm, verwenden.
Anwendung: Traufe, übergehend in einen Gartenweg
Verlegungsart: »Wild«: Außenkante bündig, Innenkante flatternd
Planung: Christian Wegener, Landschaftsarchitekt, Hamburg
Ausführung: J. Lorenzo Otero GmbH, Garten- und Landschaftsbau, Quickborn

Arbeitsablauf

1. Wegeverlauf ausstecken und auskoffern (Bild 271).
2. 30 – 35 cm Frostschutzchicht, 15 cm Sand auftragen und verdichten. Belagshöhe zwischen den Eisenstäben mit einer Schnur kennzeichnen (Bild 272).
3. Kiesel-Rundlinge in das Sandbett setzen und festklopfen (Bild 273).
4. Passenden Stein sorgfältig aussuchen, gleichmäßige Fugenbreite einhalten (Bild 274).

Tips zu Ausführung:
 Für befahrbare Flächen ist folgender Aufbau erforderlich: 20 – 25 cm Unterbau Betonrecycling, Mineralgemisch oder Grandgeröll (Kies) in 5 cm Pflastersand verlegen und mit mittlerem Rüttler abrütteln und einschlämmen.

271

Verlegeanleitungen: Das Pflastern von Kiesel-Rundlings-Belag **135**

5. Randstein bündig setzen, Rand durch Schnurverlauf angeben (Bild 275). Vorhandene Gegenstände – wie Findlinge hier im Bild und Pflanzen im Wegeverlauf – berücksichtigen (Bild 276).
6. Die Anschlüsse vor dem Einschlämmen säubern und instandsetzen. Fachgerecht fertigstellen. Die Fläche ist nach dem Trocknen begehbar und wirkt sehr lebendig (Bild 277).

277

Pflege und Instandsetzung von Pflasterflächen

278

In der Regel beschränkt sich die Pflege von Klinker- und Natursteinpflaster auf gelegentliches Fegen, Einsammeln von Unrat, Laubfall und nach Bedarf Wiederverfugen mit entsprechendem Material. Wie oft verfugt werden muß, hängt von der Witterung, Abnutzung und vom Alter der verlegten Fläche ab. An manchen Flächen muß jahrzehntelang nicht gearbeitet werden, bei anderen nach zehn Jahren. Die größte Gefahr für die Flächen bedeuten die maschinellen Reinigungsgeräte. Ihre Saugkraft ist stark und nimmt auch das Fugenmaterial auf. Für viele Städte und Gemeinden ist dies ein Problem, ohne zufriedenstellende Lösung. Einzige Möglichkeit scheint der Einsatz des Straßenkehrers und das allgemeine Verbot von Reinigungsgeräten, vor allem im ersten Jahr nach der Verlegung.

Ein bekanntes Bild sind Asphaltflecken mitten in der Pflasterfläche. Es wird wegen irgendeines Kabels aufgegraben, gesucht, gefunden, die Schäden am Kabel oder Rohr repariert, der Graben verfüllt und die Oberfläche? ...
Sie wird, wenn es nicht ausdrücklich von der Gemeinde festgeschrieben ist, mit einfachsten Mitteln (in der Regel Asphalt) wieder begeh- und befahrbar gemacht.

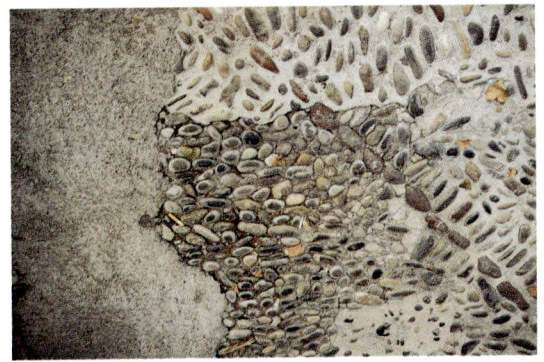

278 – 280
Leider sieht man solche Bilder immer wieder: Was mit Mühe und mit hohen Kosten geplant und ausgeführt wurde, sollte nicht durch fehlendes Feingefühl und Interesse mit dem nächstbesten Belag geflickt werden.

280

Dabei lassen gerade gepflasterte Flächen fast unbeschränktes Öffnen und Schließen zu. Die Steine lassen sich hochnehmen, reinigen, seitlich lagern und anschließend nach fachgerechtem Verdichten und Auftragen des Pflasterbettes wieder pflastern. Reparaturstellen sollten nicht ins Auge fallen, deshalb sind nur kompetente Firmen mit den notwendigen Fachkenntnissen mit dieser Arbeit zu betrauen. Manche Städte haben zu diesem Zweck Firmenlisten erstellt.

Bei der Instandsetzung von historischen Pflasterungen, die mit der Zeit abgenutzt und zerfallen sind, sollte man sich zunächst folgende Gedanken machen:

■ Zustand der Flächen begutachten. Feststellen, welche Prozentsätze von der Fläche noch intakt sind.

■ Verwendetes Gestein identifizieren, nach Bedarf Musterstein von der Randfläche entfernen.

■ Verlegungsart bestimmen.

■ Archive und Abbildungen konsultieren zur Information über die Pflasterung.

Die Recherchen und Planung müssen sehr gründlich sein. Die Entscheidung, ob eine komplette Instandsetzung oder ein nur schrittweises Vorgehen bevorzugt wird, hängt vom historischen Zusammenhang, denkmalschützerischen Zielen und vom Etat ab.

Inzwischen sind hervorragende Beispiele historischer Pflasterungen unter anderem in Regensburg und Goslar zu sehen. Wer sich eingehender damit beschäftigen will, kann sich in meinem Buch »Pflaster für Garten, Hof und Plätze« darüber informieren.

281

281 Unter manchen Straßen liegt, verborgen von einer Schicht Asphalt, Natursteinpflaster, das nach Abnützung des oberen Belags zum Vorschein kommt.

282

283

283 Manchmal werden die
Pflasterdecken auch repariert
und gepflegt, wie hier in
München-Haidhausen. Aus-
führung im Auftrag der
Landeshauptstadt München:
Meyer & Co. GmbH., Straßen-
und Pflasterbau, München

284, 285
Eine Gasse an der Abzug in
Goslar wird fachgerecht
instandgesetzt. Ebenso wie
die Bauwerke gehört der
gesamte Straßenraum zum
Stadtbild. Er ist eine Einheit,
ein Guß, ein Erlebnisraum.

285

284

282 Während der Bauar-
beiten am Gebäude sind im
Bereich des Traufpflasters
Schutzmaßnahmen zu treffen.
Ob die abgebildeten Vorkeh-
rungen ausreichen, ist frag-
lich. Besser wäre eine Abdek-
kung der Gesamtfläche zu-
sätzlich zu den Polsterungen.

Am Rande notiert

Beim Recherchieren für dieses Thema bin ich auf viel historisches Material gestoßen, bekam viele Anekdoten von Pflasterern zu hören – einiges davon fand seinen Platz in diesem Buch. Anderes stellt eher interessante Zeitdokumente dar, die für heute nur geringe Bedeutung haben.

Nicht ganz außer acht lassen kann ich die Ziele, fast Vorschriften für das Verhalten der Pflasterer aus »Der Steinsetzer« von Wilhelm May, Berlin, 1912, die deshalb hier ungekürzt wiedergegeben werden:

VI. Teil: Gesundheitsregeln für den Steinsetzer.

1.Verkürze nicht den Schlaf durch nächtliche Ausschweifung!

Die starke körperliche Anstrengung des Steinsetzers verlangt eine vollständige Nachtruhe von mindestens 6 bis 7 Stunden. Ein nicht ausgeruhter Körper ist nicht widerstandsfähig genug gegen die Einwirkung einer schweren 9 – 10 stündigen Arbeit. Die Folgen der schnelleren Ermüdung bei der Arbeit zeigen sich in schlechteren Leistungen und mangelhafter Aufmerksamkeit. Bei Arbeiten, bei denen der Verkehr nicht besonders abgesperrt ist, und die deshalb eine besondere Umsicht verlangen, kann der Steinsetzer daher leicht in Lebensgefahr geraten.

2. Sorge für wollene Unterkleidung!

Der Steinsetzer ist bei seiner Arbeit dem Wechsel der Witterung unterworfen. Bei Regenwetter hat er oft nicht einen Ort zum Untertreten. Die Ausdünstung der feuchten Erde wirkt fortgesetzt schädigend auf den Körper ein. Er ist daher leicht der Erkältung ausgesetzt, deren Folgen Lungenleiden und rheumatische Beschwerden sind. Vor der Erkältung schützt am besten wollene Unterkleidung. Sie saugt den Schweiß auf und verhütet dadurch, daß der Körper bei der Verdunstung des Schweißes zu sehr abgekühlt wird. Ebenso verhindert sie, daß die Nässe des Bodens an den Körper dringt und schädlich auf ihn einwirkt.

3. Reinige den Körper nach der Arbeit!

Der starke Schweißverlust und die beständige Hautatmung bedingen eine Abhärtung der Haut. Diese wird besonders durch reichliches Waschen und Baden in kaltem Wasser, verbunden mit energischer Abreibung, erreicht. Zur Reinigung des Körpers gehört auch der häufige Wechsel der wollenen Unterkleidung, wenn nicht ihr schützender Einfluß verloren gehen soll.

4. Vermeide den Alkohol in jeder Form (Bier und Branntwein) bei der Arbeit!

Die augenblickliche Erwärmung des Körpers durch Alkohol ist nur scheinbar wohltuend. Er erschlafft die Nerven und raubt dem Willen die Kraft, die Arbeit mit demselben Fleiße fortzusetzen. Er lähmt die Aufmerksamkeit und ist dadurch in den meisten Fällen die Veranlassung zu Unglücksfällen. Er unterdrückt den sittlichen Halt im Menschen und läßt die schlechten Eigenschaften hervortreten. Der Alkohol wird so vielfach die Ursache für Streitigkeiten und rohes Benehmen. Es kann daher namentlich dem jugendlichen Organismus nicht ernst genug geraten werden, den Alkohol zu meiden und den Durst bei der Arbeit mit Wasser oder kalten, erfrischenden Getränken (Kaffe oder Tee) zu stillen. Es ist zweckmäßiger, statt für Bier oder Branntwein das Geld auszugeben, es für kräftige Nahrung anzulegen. Der Alkohol ernährt den Körper nicht. Deshalb verlieren auch Alkoholiker die Kraft zur Arbeit, weil sie erfahrungsgemäß wenig essen.

5. Rauche nicht bei der Arbeit!

Schwere körperliche Arbeit, dazu noch in gebückter Stellung, veranlaßt zu tiefem Atmen. Dadurch dringt der Rauch in die Lunge und nimmt mit der Zeit durch Ablagerung von Schlackenteilchen den Lungenbläschen die Fähigkeit, sich auszudehnen. Asthma und schlechter Stoffwechsel im Blute sind die unausbleiblichen Folgen. Der aufsteigende Dampf beizt fortgesetzt die Augen und schädigt dadurch die Sehkraft.

6. Hüte Dich in der heißen Jahreszeit vor Hitzschlag!

Starker Schweißverlust verlangt reichliche Aufnahme von Wasser, um den verlorenen Flüssigkeitsgehalt des Blutes zu ersetzen. Sorge deshalb dafür, daß an der Arbeitsstelle Trinkwasser vorhanden ist. Falsch ist es, in heißer Zeit Alkohol zu sich zu nehmen. Er erhöht den Schweißverlust und begünstigt den Hitzschlag.

7. Hüte Dich vor Verletzungen!

Bei der Arbeit zugefügte Verletzungen, wie Quetschungen und Eindringen von Steinsplittern in die Haut, können leicht einen bösartigen Charakter annehmen, da die Gefahr der Verunreinigung der Wunde durch Erde und Steinsplitter im Steinsetzergewerbe besonders groß ist. Beim Heben von Platten und Bordschwellen stehe nie mit gespreizten Beinen, da dadurch leicht Leistenbrüche entstehen können. Der Steinsetzer soll schwere Lasten nur in geschlossener Beinstellung anheben.

8. Nutze die viertelstündigen Pausen zweckmäßig aus!

Die Pausen in der Arbeit sollen dazu dienen, daß der Steinsetzer die durch die gebückte Haltung angestrengten Bein- und Rückenmuskel durch Aufrichten ausruhen kann. Er benutze die Zeit zur Begutachtung seiner Arbeit und verschwende nicht seine Kraft durch Ausübung von Athletenkunststückchen oder bringe nicht durch Neckereien ernst denkende Arbeitsgenossen um den Genuß der Ruhe.

9. Hüte Dich vor Einseitigkeit!

Die Arbeit des Steinsetzers nimmt nicht nur einzelne Muskelpartien des Körpers (Bein-, Rücken- und Armmuskeln) in Anspruch. Die Haltung des jugendlichen Körpers wird dadurch ungelenk und schwerfällig. Fleißiges Turnen und Spielen (auch Sport) sind das einzige Mittel, das den Körper vor dieser einseitigen Inanspruchnahme bewahren kann.

10. Suche geistige Anregung!

Die Arbeit des Steinsetzers ist auch dazu angetan, ihm die Beweglichkeit des Geistes zu nehmen. Benutze daher die Sonntage zu Spaziergängen und Wanderungen. An den langen Winterabenden besuche fleißig die Lesehallen und benutze die Bibliotheken. Vor allem aber begnüge dich nicht bloß mit der handwerksmäßigen Erfassung Deines Berufes, sondern such Dir auch die nötigen technischen Kenntnisse desselben anzueignen. Stelle Dir zeichnerische Aufgaben aus Deinem Berufe.

Pflastervokabular
und Begriffe von A bis Z

A

Absteckung	Festlegen der Arbeitsbereiche und Höhen mit Pflöcken und Schnüren, nach Vorgabe eines Werkplanes.
Anderthalber	Siehe Binder
Ansatzstein	Der erste Stein einer Reihe, je nach Verlegungsart kann ein Sonderformat notwendig sein.
Aushubsohle	Der tiefste Punkt des Untergrundes, bis auf den ausgekoffert wird, um den Oberbau auszuführen.
Auskoffern	Ausheben des vorhandenen Bodens für den Oberbau

B

Basalt	Ein Ergußgestein von hoher Dichte, Feinkörnigkeit und Härte mit glattem schwarzem bis schwarzgrauem Aussehen. Da er bei starker Sonneneinstrahlung leicht fleckig werden und splittern kann, wird er hauptsächlich in kleineren Formaten geliefert.
Bauklassen	Klassifizierung, die im Straßenbau verwendet wird: nach RSt 086 werden je nach Belastungsgrad Klassen I bis VI unterschieden.
Beola	Siehe Paragneis
Binder	Sonderformat von Großsteinpflaster, auch Anderthalber genannt: länglicher Stein, der der ein- und einhalbfachen Länge (28,5 – 30 cm) des Großsteins (Würfel) entspricht: Besonders wichtig, um die Regelmäßigkeit und den Übergang der Pflastermuster zu gewährleisten.

Bischofsmützen	Auch als Fünfeck bezeichnet (Stein mit fünf Seiten), als Großstein- und Betonpflaster erhältlich. Die Ansatzkante der Kopffläche beträgt 19–20 cm, die seitlichen Kanten 10 cm. Wichtiger Ansatz- und Verbindungsstein.
Blockverbund	Auch Parkettverbund genannt. Zwischen zwei quergelegten Klinkern werden zwei Klinker längs verlegt. Innerhalb der Blockreihe wiederholt sich das Muster. Darunterliegende Blöcke können versetzt werden.
Bogenbreite	Die Breite des Bogens, bei Segment- oder Schuppenbögen, ist abhängig von der Breite der Straße, vom Weg oder Platz und der Steingröße. Sie wird von dem Pflasterermeister festgelegt.
Bogenpflaster	Überbegriff für Segment- und Schuppenbogenpflaster, da beide auch in Form des Bogens aufgebaut sind.
Bogenrichtung	Richtung, in die der Bogen zeigt: Die Richtung von Segment- und Schuppenbögen führt immer zum Hochpunkt und läuft im rechten Winkel zur Straße.
Bruchstein	Unbearbeiteter Stein

D

Deckschicht	Pflasterdecke und Bettung
Diabas, Melaphyr	Ein Basalt, der durch chemische Verwitterung vergrünt ist, auch Grünstein genannt. Die Korngröße reicht von fein- bis grobkörnig. Die Steine haben eine sehr hohe Druckfestigkeit. Die Farbskala reicht von Grau-Grünlich bis Dunkel-Blaugrün. Diabas ist als Pflaster oder in Form von Platten, Klein- und Mosaikstein und als dunkelgrüner Zierkies erhältlich.
Diagonalpflaster	Wie beim Reihenpflaster, nur diagonal zum Straßen- oder Terrassenverlauf im 45°-Winkel verlegt
Diorit	Siehe Syenit
Doppelmosaik	Sonderformat des Mosaiksteinpflasters: länglicher Stein, bei dem die Größe dem Zweifachen eines Mosaiksteins entspricht.
Dreieck	Großsteinpflaster-Sonderformat für Diagonalpflaster: Analog zum Fünfeck, jedoch mit drei Seiten, jeweils mit Längen zwischen 19–20 cm. Gelegentlich auch als Kleinsteinpflaster zu finden, wobei der Stein am Ort zurechtgeschlagen wird.
Dreiviertelbogen	Auch Hufeisen genannt.Wichtiges Element, um bei Bogenpflaster Richtungswechsel zu erzielen, oder bei Straßenkreuzungen, wo sich Pflaster aus verschiedenen Richtungen treffen.

E

Ellbogen-Verbund Variation des Fischgrät-Verbundes, bei dem der Stoßpunkt um 90° zur Fahrtrichtung verläuft, so daß immer eine Reihe parallel zum Rand läuft. Verbund für Gehwege, als Bordüre für Plätze mit wenig Belastung.

F

Findling Aufgelesene runde oder ovale Steine mit glatter Oberfläche. In der Regel ab 30 cm Durchmesser.

Fischgrät-Verbund Verlegungsart für Ziegel- oder Klinkerpflaster, bei der sich zwei Diagonalen von jeder Seite in einem 90°-Winkel treffen. Die Überschneidung ist von Reihe zu Reihe versetzt.

Flechtverbund Verlegungsart für Ziegel- oder Klinkerpflaster, bei der abwechselnd zwei querliegende Ziegel über zwei längs im Winkel liegende Steine gesetzt werden. Dieses System wiederholt sich.

Frostschutzschicht Schicht aus Schotter oder Kies, zwischen Unterbau und Tragschicht, (Deckschicht), dient sowohl zur Drainage wie auch zur Aufnahme der Verkehrslast.

Fünfeck Siehe Bischofsmützen

Fugen Abstände zwischen den einzelnen Pflastersteinen

Fugenmaß Breite einer Fuge; von Steingröße, Material und Verlegeart abhängig

Fugenmasse Füllmaterial einer Fuge, z. B. Sand der Körnung 2/5 mm, Zementmörtel oder Bitumenemulsion

G

Gefälle Neigung der Pflasterfläche, um Oberflächenwasser abzuführen; Längsgefälle bei Pflasterflächen ca. 1 % und Quergefälle mindestens 2 %

Gneis Zusammenfassung zweier nach ihrer Herkunft verschiedener, aber ähnlich aussehender Hartgesteine, Orthogneis und Paragneis (siehe dort)

Granit Größte und vielfältigste Gruppe an Pflastermaterial. Tiefengestein, dessen Erscheinung im wesentlichen von der Körnung geprägt wird. Je nach Korngröße von 0,1 bis 10 mm unterscheidet man zwischen fein-, mittel- und grobkörnigem Granit. In fast jeder Farbe erhältlich, jedoch sind ausgefallene Farben wie Blau- oder Grüntöne entsprechend kostspielig. Granit wird zu Platten und Pflastersteinen in allen Größen verarbeitet, ist unbeschränkt witterungsbeständig und hervorragend als Bodenbelag im Garten geeignet.

Grauwacke	Sedimentgestein, das hauptsächlich in Gebieten mit wenig oder schwachem Bodenfrost verwendet wird. Die Farben dieses feinkörnigen Gesteins reichen von Gelblich-Grau bis Beige. Grauwacke wird zu Groß-stein-, Kleinstein- und Mosaikpflaster verarbeitet.
Großsteinpflaster	Größtes Format von bearbeitetem Natursteinpflaster, mit vielen Sonderformaten, die in der Regel nur als gebrauchtes Pflaster erhältlich sind.
Grünstein	Siehe Diabas

H

Halbschuppenbögen	Ein Bogenpflaster mit gleichem Konstruktionsprinzip wie für Schuppenbögen. Die Schuppen werden jedoch halbiert und spiegelverkehrt wiederholt. Meist für Zierbänder, Bordüren oder Wege verwendet.
Halbstein	Ein halber Stein gilt für Ziegel, Klinker und Naturstein.
»Harlekin«-Ornament	Segmentbogenpflaster, verlegt in verschiedenen, gleichgroßen Kleinsteinen ähnlicher Härte. Ergibt ein sehr lebhaftes Muster
Hexe	Metalldreieck mit Griff, mit Winkellänge 15 cm oder 10 – 12 cm
Hufeisen	Siehe Dreiviertelbogen

K

Kalkstein	Naturstein-Baumaterial vor allem für den Innenraum. Einzelne Sorten sind jedoch auch für die Außenverwendung geeignet. Die Farben der im Handel angebotenen Kalksteinplatten, Großstein-, Kleinstein- und Mosaikpflastersteine reichen von Dunkelblaugrau bis hin zu hellem Weißbeige.
Kantholzpflaster	Kesseldruckimprägnierte Holzklötze, die aus sägerauhen Kanthölzern als Kubus aus Fichte, Kiefer oder Eiche in den Größen 10 x 10 x 10 cm und 8 x 8 x 8 cm sowie als Rechtecke mit Kantenlängen zwischen 8 und 12 cm hergestellt werden.
Katzenkopf	Auch Rundsteine, Rundlinger genannt. Aufgelesene Feldsteine mit einem Durchmesser von 15 – 25 cm, die unbearbeitet in das Erdreich gesetzt werden.
Katzenkopfpflaster	Pflasterbelag aus Rundsteinen, dem Wildpflaster ähnlich, nur aus einheitlichem Material
Keperverbund	Siehe Fischgrät-Verbund
Kieselstein	Gewaschene, glatte Steine von länglichem oder eierförmigem Format. Herkunft aus Flüssen, Stränden, Moränen.

Kleinsteinpflaster	Handliche und regelmäßige, bearbeitete Natursteine, deren Größe dem Zweifachen eines Mosaiksteines entspricht. Nach DIN 18502 sind die Steinformate in drei verschiedene Größen aufgeteilt.
Körnungen	Die Korngröße von Gestein, Kies, Splitt oder Sand, in Millimetern gemessen
Kopfel	Pflasterstein, bei dem eine eindeutige Kopffläche von 17 x 17 cm vorgegeben ist. Die Fußfläche ist um etwa 3 cm kleiner.
Kotierung	Veralteter Ausdruck für Höhenmessung
Kreispflaster	Verlegungsart, die am besten für Klein- und Mosaiksteinpflaster geeignet ist. Hierbei wird ein Kreis ausgepflastert, wobei der Ausgangspunkt die Kreismitte ist. Das Kreispflaster ist mehr als Einzelmotiv zu sehen denn als flächendeckende Pflasterung.
Kreuzfugen	Fuge, bei der vier Steine an den Ecken aufeinandertreffen, ohne Verzahnung; nur geringe Belastung möglich.
Kreuzverbund	Verlegeart für Ziegel- oder Klinkerpflaster, bei dem flachgelegte Steine in regelmäßigem Kreuzverbund gelegt werden. Besondere Genauigkeit in der Fugenbreite ist gefordert. Nur begrenzt belastbar.

L

Läufer-Verbund	Einfachster aller Verbände, bei dem die Ziegel der Längsseite nach, Reihe um Reihe, mit 1/2-, 1/4- und 3/4-Steinversetzung verlegt werden.
Lilien	Eine Variationsmöglichkeit zu Schuppenbögen durch Verwendung eines weiteren, gleich großen Steins unterschiedlicher Farbe
Lütticherpflaster	Pflasterart, die dem Reihenpflaster ähnelt; jedoch aus rechteckigen, behauenen Steinen sehr großen Formats, 25–30 cm breit, 35–40 cm lang und mit unregelmäßiger Tiefe

M

Marmor	Kristalliner Kalk, der im Garten nur als Ornament und Zierde verwendet wird, oft in Kombination mit anderem Material, vor allem mit Pflastersteinen. Je nach Mineralgehalt reichen die Farben von Grau, Rötlich, Grünlich bis hin zu Schwarz und Schneeweiß. Marmor wird zu Plattenware, Klein- und Mosaikstein verarbeitet.
Mauerverbund	Siehe Ellbogen-Verbund
Melaphyr	Siehe Diabas

Mittelstein-Verbund	Muster aus Reihen, die konzentrisch als »Schnecke« verlegt sind, in quadratischer oder rechteckiger Form beliebiger Größe
Mosaiksteinpflaster	Kleinstes Format von bearbeiteten Natursteinen, dessen Name von dem antiken Kunst-Mosaik abgeleitet ist. Nach DIN 18502 sind die Steine in drei Gruppen gegliedert.
Münchner Gehwegplatte	Ein quadratischer Pflasterklinker mit einem Maß von 21 x 21 cm oder 24 x 24 cm, geviert, mit Ringen.

N

Netzpflaster	Verlegungsart für bearbeitetes Natursteinpflaster jeder Steingröße. Damit sich das Muster eines Netzes ergibt, werden möglichst quadratische Pflastersteine ausgesucht und in diagonalen Reihen gesetzt. Den Ausgangspunkt bildet ein Dreieck-Stein; Kreuzfugen sind beabsichtigt und ein Bestandteil des Netzmusters. Das Netzpflaster ist weniger als Straßenbefestigung und für Zonen mit höherer Beanspruchung geeignet; es hat mehr dekorative Funktion.
»Neue Berliner«	Historisches Steinformat von 3–4 cm Kopffläche, 6 cm hoch, in Prismen- oder Würfelform.

O

Oberbau	Tragschicht inklusive Frostschutzschichten (siehe auch dort).
Orthogneis	Siehe auch Gneis. Orthogneis ist im Aussehen ähnlich wie Granit mit deutlich schiefriger Struktur, jedoch leichter zu spalten. Die Farben reichen von Rosa über Grau, Orange, Braun bis Schwarz, in allen Tönen und auch Kombinationen. Gneis wird hauptsächlich als Plattenware angeboten.

P

Paragneis	Ein sandiges, toniges Sediment, je nach Art des Ausgangsgesteins granitischer, quarzdioritischer und dioritischer Zusammensetzung, das als Plattenware und Mosaikpflaster angeboten wird. Öfters als »Spaltgranit« oder »Quarzit« benannt oder einfach mit dem Namen der italienischen Abbaugebiete Beola und Magglia. Die Farben reichen von Grau-Weiß bis Blau-Grau gestreift oder gesprenkelt.
Parkettverbund	Siehe Blockverbund

Passéepflaster	Verlegungsart für bearbeitetes, gleichgroßes Natursteinpflaster, das kein eindeutiges Reihenpflaster darstellt, aber auch kein Wild- noch Bogenpflaster. Es ändert sich die Fugenrichtung. Die nördlichen und östlichen Stoßfugen sind immer im 45°-Winkel zur Straßenachse gelegen. Der Reiz liegt in der »regelmäßigen Unregelmäßigkeit«. Kaum ein Pflasterer kann dieses Muster noch ausführen. Gelegentlich auch als »Schiebepflaster« oder als »geritztes Pflaster« bezeichnet.
Pflasterbett	Der Bereich unter der Pflasterung. Schicht aus Sand, Splitt, Kies oder Zementmörtel, in der die Pflastersteine verlegt werden. Die Stärke des Pflasterbettes hängt vom Material und seiner Größe ab.
Porphyr	Auch Rhyolith genannt. Naturstein mit Farben vom tiefen rötlichen Purpur bis hin zum Grünlichen. Porphyrgestein aus tiefen Lagen ist in der Regel frosthart, an der Oberfläche abgebaut, ist es nicht garantiert frostsicher. Ein Nachweis über die Frostbeständigkeit sollte vom Lieferanten gefordert werden. Porphyr ist in Form von Platten, Mosaik- und Kleinsteinpflaster und Zierkies erhältlich.
Porphyroid	Orthogneis, der von einem Porphyr stammt.
Prismen	Großsteinpflasterformat, das eine abgestumpfte Pyramide darstellt: Höhe und Länge des Steins betragen 19 cm, die Breite beträgt 10–12 cm.

Q

Quarzit	Ein kristalliner Schiefer, der durch Metamorphose aus ehemaligen Sandsteinen entstanden ist. Sehr gut spaltbar, wird er in Form von bruchrauhen Platten meist in den Farben Rötlich, Weiß, Braungrau, Grau angeboten. Er ist trittfest und sehr wetterbeständig.

R

Rasenpflaster	Verlegungsart mit Rasenfugen, wobei das Fugenbild dominiert. Die Fugenbreite ist besonders wichtig für das Gedeihen des Rasens und muß in Proportion zur Steingröße stehen: 1 cm für Kleinsteinpflaster, 2 cm für Großsteinpflaster, eine Doppelfuge, verfüllt mit Erdmischung und mit Rasen angesät. Es erfüllt nicht nur ästhetische Gesichtspunkte, sondern trägt auch zur Entsiegelung bei, durch eine Erhöhung des Grünanteils in kleinen Gärten. Ideal für gelegentlich mit Fahrzeugen befahrene Zufahrten, Wege und Plätze.
Reihenpflaster	Verlegeart mit bearbeiteten Steinen, bei der die Steine in Reihen, im rechten Winkel zum Platz oder Straßenverlauf verlegt werden und jede Reihe versetzt ist, so daß sich keine Kreuzfugen bilden.
Rhyolith	Siehe Porphyr
Rundholzpflaster	Pflaster aus kurzen Stammabschnitten (10, 15 oder 20 cm) von entrindetem Nadelholz mit Durchmessern zwischen 6 und 25 cm

Rundsteine	Siehe Katzenkopf

S

Sandbett	Pflasterbett aus Sand
Sandstein	Ablagerungsgesteine mit Korngrößen von 0,03 bis 3 mm. Sie bilden eine große Gruppe sehr unterschiedlicher Steine. Es empfiehlt sich, genaue Informationen über die Härte eines Steins einzuholen, da nicht alle witterungsbeständig sind. Die Farbskala reicht – je nach Steinbruch – von Hell, Beige, Grau, Gelblich bis hin zu rötlichen und grünlichen Steinen. Je nach Sorte sind sie als Platten, Großstein-, Kleinstein- und Mosaiksteinpflaster erhältlich.
Satzhöhe	Die Höhe eines Steines. Sie muß in einem Verband durchgehend dieselbe sein.
Schachtverbund	Verlegeart für Ziegel- oder Klinkerpflaster, die eine Variation des Flechtverbundes darstellt, wobei alle Steine doppelt oder dreifach im 45°-Winkel in Blocks gesetzt sind.
Scheitel	Der höchste Punkt eines Kreissegments, von dem in beide Richtungen ein gleich starkes Gefälle vorliegt.
Scheitelpunkte	Siehe Scheitel
Scheiteltangente	Eine Gerade durch den Scheitelpunkt
Schemel	Der einbeinige Stuhl des Pflasterers
Schiebepflaster	Siehe Passéepflaster
Schiefer	Eine volkstümliche Bezeichnung für plattig ausgebildete, gerichtete Gesteine, unter anderem Quarzit, Paragneis, Phyllit und Tonschiefer. Die im Handel angebotenen Platten unter dem Überbegriff Schiefer sind dauerhaft und witterungsbeständig. Das Material wird meist als Plattenware angeboten, in dunkel- bis hellgrauen Tönen.
Schnureisen	Eisen, an dem die Schnüre festgemacht werden, die dem Pflasterer den Arbeitsbereich und die vorläufige Höhe der Steine angeben.
Schuppenbogen	Ein Ornamentpflaster für Plätze und Bordüren. Aufwendige Verlegeart, die viel Vorarbeit verlangt. Ausgehendes Konstruktionselement ist der Halbkreis. Die Form der Schuppe ergibt sich dadurch, daß mittig auf zwei gleich große, nebeneinander liegende Halbkreise ein weiterer Halbkreis mit gleichem Radius gesetzt wird. Dieser Mittelpunkt ist dadurch die Mitte der Scheiteltangente der zwei darunterliegenden Kreise. Die Schuppen werden in Bögen ausgepflastert, die bis zum Ansatz der Schuppen, welcher nur noch aus einem Stein besteht, immer kleiner werden. Seitlich wird mit einer halben Schuppe angeschlossen. Klein- und Mosaikstein sind am besten geeignet.

Segmentbogen	Die gängigste Pflasterart für Straßen und Plätze. Das Konstruktions-element ist ein Kreissegment (Viertelkreis) mit einem Mittelpunkts-winkel von 90°. Sehne und Stich des Bogens sind von der Breite der Straße, Weg oder Platz und der Steingröße abhängig. Der Segment-bogen wird nach einer Faustformel berechnet (siehe hierzu Seite 82). Am Straßenrand wird immer mit einem halben Bogen angefangen. Hoch- und Tiefpunkte werden in einer Art Zopfmuster ausgeführt, wobei die Richtung der Segmentbögen immer zum Hochpunkt führt.
Sinterung	Ein Vorgang, der bei sehr hohen Brenntemperaturen entsteht und an der Oberfläche der Klinker zum Glasfluß und damit zu sehr dichten, aber nicht glatten Oberflächen führt.
Sohle	Eine Reihe Steine längs des Bordsteins oder der Einfassung. Parallel zur ersten Reihe schließt sich eine zweite Reihe an (sog. Gegensetzer).
Spaltstein	Auch Wackerstein genannt. Geschlagene und aufgespaltene Rund- oder Kieselsteine. Die aufgespaltenen Flächen werden als glatte Kopffläche verwendet.
Steckpflaster	Auch Steckkiesel genannt. Mundartliche Bezeichnung für Kieselpflaster.
Stichhöhe	Der Abstand zwischen dem Scheitelpunkt und dem Mittelpunkt der Bogenbreite bei Segmentbögen.
Stoß	Die Fläche, an der sich zwei Pflastersteine berühren.
Syenit und Diorit	Mit Granit verwandte Tiefengesteine, die öfter als Granit angeboten und oft miteinander verwechselt werden. Die Verwendung gleicht der von Granit. Durch die Farbe sind sie jedoch zu unterscheiden: Syenit ist hellrot, rotbraun, auch grau, rosa bis rötlich, Diorit dunkelgrün, oft schwarz.

T

Trachyt	Ein dichtes, häufig poriges oder tuffiges Ergußgestein in hellen Farben wie Gelblich, Braun bis Rötlich, selten ganz weiß. Angeboten wird es in Form von Pflastersteinen und Platten.
Tragschicht	Die Schicht zwischen Unterbau und Pflasterbett, die die Verkehrslast aufnimmt und verteilt. Die Stärke der Schicht hängt von der Stärke der Verkehrsbelastung ab. Das verwendete Material muß frostsicher und wasserdurchlässig sein. Diese Schicht muß profilgemäß planiert und verdichtet werden (siehe auch Oberbau).
Traufpflaster	Die Bodenbefestigung um ein Haus, direkt unter und leicht vorragend unter dem Bereich der Traufe, zum Ableiten von Regen- und Schmelz-wasser vom Dach, so daß die Zone unmittelbar um das Haus trocken bleibt.

U

Unterbau	Anstehender Boden; wenn notwendig, auch verbesserter Unterbau und/oder eine Schüttung
Untergrund	Anstehender Boden.
Unterlage	Der Bereich unter der Pflasterdecke; Bettung

V

Verbund	Zusammenhalt der Pflasterfläche, durch die Verlegeart bestimmt
Verlegesatz	Kompletter Satz von Steinen (in der Regel Beton), alle mit gleicher Satzhöhe, aber unterschiedlichem Format, um ein bestimmtes, vorgegebenes Verlegemuster auszuführen.

W

Wasserscheitel	Hochpunkt, von dem das Wasser in beide Richtungen abfließt.
Wackenpflaster	Siehe Katzenkopfpflaster
Wackerstein	Siehe Spaltstein
Wildpflaster	Verlegungsart mit unbearbeiteten Steinen, unterschiedlichen Formats und unterschiedlicher Materialien. Dadurch ergibt sich eine lebhafte Pflasterfläche mit unregelmäßigem Fugenbild und unterschiedlicher Farbgebung. In der Gestaltung schwierigstes Pflaster.
Würfel (Wiener Würfel)	Großsteinpflaster mit gleichen Kantenlängen (ca. 19 cm)

Z

Zyklopenpflaster	Verlegeart, bei der großformatige Platten von unregelmäßigem Format mit möglichst engen Fugen aneinandergesetzt werden.

Literatur zum Thema Pflaster

Arbeitsgemeinschaft
Pflasterklinker Bonn
**Die Gestaltung gepflasterter
Klinkerflächen**
Bonn o. J.

Alfred Baetzner
Natursteinarbeiten
Stuttgart 1958, 1983

Fachabteilung Granitindustrie
Bayerischer Wald, Ludwig Bauer
(Red.)
**Gewinnung, Verarbeitung und
Verwendung von Granit aus dem
Bayerischen Wald**
Passau 1979

Bayerische Landesanstalt für
Weinbau und Gartenbau Würzburg-
Veitshöchheim
Natursteinpflasterarbeiten
Veitshöchheim 1988

Beiträge in der Zeitschrift
Garten + Landschaft
München, 4/79, 8/79, 10/85, 11/85,
12/85, 1/86, 2/86, 10/86

Bearbeitet von Irmgard Lehn
**Historisches Pflaster
Denkmalschutz in Darmstadt**
Darmstadt

Maggy Howarth
The Art of Pebble Mosaics
Tunbridge Wells, 1994

Heidi Howcroft
**Pflaster für Garten,
Hof und Plätze**
München, 1994

Heidi Howcroft
Das Pflaster im Garten
München 1996

Rudolf Jubelt, Peter Schreiter
Gesteine
Stuttgart 1980

Joachim Kessler
**Garten-, Landschafts- und
Sportplatzbau**
Stuttgart 1987

Jörg Kratz, Uli Kreh
**Pflaster, Kunst, die man mit
Füßen tritt**
Köln 1984

Günther Mehling (Hrsg.)
Natursteinlexikon
München 1993

Friedrich Müller
Gesteinskunde
Ulm 1984

Peter Nickl u. Heidi Howcroft (Red.)
Die Kunst des Pflasterns
Ausstellungskatalog, München 1985

Ula Siegers
**Kieselsteinmosaik für
Kunsthandwerker**
Eigenverlag

Peggy Vance und
Celia Goodrick-Clarke
»Mosaik«
München 1995

Heinz Wolff
**Das Pflaster in Geschichte und
Gegenwart**
München 1987

Ziegelforum
Ziegel-Lexikon
München 1988

Vergriffene Literatur

**Das Kleinsteinpflaster,
seine Herstellung, praktische
Bewährung und zweckmäßige
Anwendung**
Stade 1910

Dieter Boeminghaus
Mauern und Wege
München 1982

A. Knoll
**Geschichte der Straße
und ihrer Arbeiter**
Band 1: Die Straße, Leipzig 1924

Wilhelm May, O. Täntzer
und O. Schumacher
Der Steinsetzer
Berlin 1912

August Merkle
**Süddeutsche Mosaikstein-
Industrie**
Katalog, Ulm 1930

Friedrich Müller-Eichner
Fachkunde für Straßenbauer
Leipzig u. Berlin 1939

Friedrich-Wilhelm Noll
**Verbilligung des Steinpflasters
und Erhöhung seiner
Wirtschaftlichkeit**
München 1919, Reprint 1985

Alexander Spelz
Der Ornamentstil
Berlin 1904

Max Ziegler (Bauinnung München)
Fachkunde für Straßenbauer
München 1978

DIN Normen

DIN 482
Bordsteine Naturstein

DIN 483
Bordsteine aus Beton

DIN 485
Gehwegplatten aus Beton

DIN 1164
Portland-, Eisenportland-,
Hochofen- und Traßzement

DIN 18196
Erdbau; Boden-Klassifikation für
bautechnische Zwecke und
Methoden zum Erkennen von
Bodengruppen

DIN 18299
Allgemeine Regelungen für
Bauarbeiten jeder Art

DIN 18300
Erdarbeiten

DIN 18318
Verkehrswegebauarbeiten,
Pflasterdecken, Plattenbeläge,
Einfassungen

DIN 18501
Pflastersteine aus Beton

DIN 18502
Pflastersteine Naturstein

DIN 18 503
Pflasterklinker: Anforderungen,
Prüfungen, Überwachung

DIN 52100
Natursteine

Merkblätter und Richtlinien
Merkblatt für Flächenbefestigungen
mit Pflaster und Plattenbelägen,
Forschungsgesellschaft für Straßen-
und Verkehrswesen, Arbeitsgruppe
Mineralstoffe im Straßenbau,
Ausgabe 1989, ergänzte Fassung
1994, Köln

**Zentralverband des deutschen
Baugewerbes**
Godesberger Allee 99
53175 Bonn
Der Zentralverband teilt die Anschrif-
ten der jeweiligen Landesverbände
mit, bei denen Auskunft über Stra-
ßenbaufirmen, die Pflasterarbeiten
ausführen, gegeben wird. Für München wurde das Heft »Bauen in
München« erstellt, das auch die
Pflasterfirmen erfaßt. Es ist erhältlich über die Bauinnung München.

**Bundesverband Garten-,
Landschafts- und Sportplatzbau
e. V. (BGL)**
Alexander-von-Humboldt-Straße 4
53604 Bad Honnef

GaLa-Bau-Betriebe sind Ausfüh-
rungsfirmen, die je nach Größe des
Betriebs von Erdarbeiten über
Mauer- und Treppenbau, Pflanz-
arbeiten, Pflasterarbeiten und son-
stige Wegebefestigung bis hin zum
Spiel- und Sportplatzbau sämtliche
Arbeiten zum Bau von Außenan-
lagen und Gärten übernehmen. Der
Bundesverband bzw. die jeweiligen
Verbände der Bundesländer können
Auskunft über ansässige Fachbe-
triebe geben.

Informationen zu Material und Bezugsquellen

Dank

Informationsstelle Beton-Bauteile
Postfach 21 02 67
53157 Bonn

Arbeitsgemeinschaft Pflaster-klinker e.V.
Schaumburg-Lippe-Straße 4
53133 Bonn

Mitgliedswerke:

ABC Klinkergruppe
Grüner Weg 8
49509 Recke

Girnghuber GmbH & Co. KG, Dachziegel- u. Klinkerwerk
Ziegeleistraße 56
84163 Marklhofen

Klinkerwerk Hagemeister GmbH & Co. KG
Appelhülsener Straße 3
48301 Nottuln

Kerawil Tonwerke Wilhelmshöhe GmbH
Tonwerkstraße 96
32584 Löhne

Penter Klinker Klostermeyer KG
Osnabrücker Straße 67
49565 Bramsche-Pente

Röben Tonbaustoffe GmbH
Postfach 209
26330 Zetel

Rohbraken Klinker GmbH
Kükenbrucher Straße 1
32699 Extertal

Stradalit Pflasterklinkerwerke GmbH & Co. KG
Hopstener Straße 65
49479 Ibbenbüren

Vereinigte Oldenburger Klinkerwerke GmbH & Co.
Südstraße 2
26345 Bockhorn

Werther Klinker GmbH & Co.
Ziegelstraße 26
33824 Werther

Wienerberger Ziegelindustrie GmbH & Co.
Oldenburger Allee 26
30569 Hannover-Lahe

ZB Ziegelwerke GmbH & Co. KG Baalberge
Bernburger Straße 43
06408 Baalberge

Ein Buch dieser Art kann nur durch Anregungen und zusätzliche Informationen, die ich von Lesern, Laien wie auch Profis erhalte, entstehen. Für die großzügige Unterstützung, die ich seitens der erfahrenen und versierten Fachleute, Fachhandel, Hersteller und Lieferanten bekommen habe, bin ich dankbar. Einen besonderen Dank möchte ich der Bauinnung München aussprechen, die mir Zugang zu ihrer Pflasterklasse gewährte. Dank gilt auch der Arbeitsgemeinschaft Pflasterklinker und allen Mitgliedsfirmen. Für die Bereitstellung von Mustersteinen bedanke ich mich bei:

Bunk GmbH & Co. KG, Wesersandsteine,
Bad Karlshafen

Gandl Natursteine
Puchheim bei München

Steinbruchbetriebe Grandi GmbH
Herdecke

Krause, Historische Baustoffe
Hohberg-Diersburg

W. Schraub KG, Verkaufskontor für bayerischen Granit
Krailling bei München

Uhrich, Gartenbaustoffe,
Ismaning
Ein Dank an alle Firmen, die mir Fotomaterial zur Verfügung gestellt haben:

Gesellschaft für technische Kunststoffe Gebr. von der Wettern mbH,
Rheinbach

Bildnachweis

GIMA, Girnghuber GmbH & Co KG,
Marklkofen

David Knight, Alba Stone Ltd.,
Dunblane, Schottland

Ula Siegers,
Niederkrüchten

Stradalit Pflaster
Ibbenhausen

**Thomas Zschau von GaLa-Bau
Heilmann & Zschau GbR,**
Wuppertal

Weiterhin möchte ich Bernhard
Kroiß für seine langjährige
Unterstützung in Sachen Pflastern
danken wie auch Herrn Schuster
sen. und Herrn Schuster jun.,
Pflasterermeister Lorenz Wagner
und dem Fotografen George
Meister. Mein Dank geht auch an
das »Callwey Team«: Roland
Thomas, Andrea Hölzl und Dorothea
Montigel; nicht zu vergessen den
Grafiker Helmut Gebhardt.

**Arbeitsgemeinschaft
Pflasterklinker:**
34, 56, 72-74, 81-85

Charlotte Blauensteiner:
244

**Gesellschaft für technische
Kunststoffe Gebr. von der
Wettern mbH:**
19, 20

**GIMA; Girnghuber GmbH & Co.
KG:**
54, 55, 57-71

Gottfried Hansjakob:
29-32

Heidi Howcroft:
1, 4, 6, 7, 9, 11, 14–18, 21, 22, 24,
28, 33, 35, 38, 39, 52, 53, 106–109,
112–115, 117–119, 150, 166, 168–170,
173, 174, 200–202, 206, 207, 227–
229, 233 (Archiv), 239–243, 245–
256, 260–270, 278–285

Peter Howcroft:
40–42, 46, 49, 50 (Archiv), 116, 152,
158, 159, 175, 176–178, 209, 259

David Knight:
151, 156, 157, 234, 235

George Meister:
3, 5, 10, 23, 36, 37, 51, 110, 111,
120–149, 160–165, 171, 172, 179–
199, 205, 208, 210–214, 257

Katrin Schulze:
8, 167, 203, 204, 336–338

Wolfram Stehling:
Titel, Rückseite, 47, 48, 86–105,
215–226, 271–277

**Stradalit Pflasterklinkerwerke
GmbH und Co. KG:**
75–80

Dieter Stork:
27, 258

Thomas Zschau:
2, 12, 13, 230–232

*D*er Leser erfährt staunend, welche Vielfalt und Schönheit sich buchstäblich vor seinen Füßen ausbreitet und erhält Anregungen für den eigenen Garten. Sogar die reichliche technische Information ist interessant verpackt. Man sollte dieses Buch haben." Architektur Forum

Heidi Howcroft
**Pflaster für Garten
Hof und Plätze**
4. Auflage, 152 Seiten,
200 Abbildungen. Broschiert.

RICHTIG PFLASTERN!

Heidi Howcroft
Das Pflaster im Garten
128 Seiten, 148 Abbildungen,
27 Zeichnungen. Gebunden.

*O*b klassisches Natursteinpflaster, dynamische Holzdecks, moderne Betonbeläge oder phantasievolles Mosaik – der Leser wird mit brillanten Farbfotos internationaler Fotografen und kompetenten Texten informiert. Dieses Buch ist ein umfangreicher Ratgeber für die fachgerechte Ausführung von Bodenbelägen, Treppen und Wegen.